中央社会主义学院教材编审委员会

“马克思主义中国化与统一战线”丛书

YISILANJIAO ZHONGGUOHUA DE
LISHI JINGYAN

伊斯兰教中国化的历史经验

戎川 著

華文出版社
SINO-CULTURE PRESS

图书在版编目（CIP）数据

伊斯兰教中国化的历史经验 / 戎川著. -- 北京 ：
华文出版社，2022.12
ISBN 978-7-5075-5690-2

Ⅰ. ①伊… Ⅱ. ①戎… Ⅲ. ①伊斯兰教－发展－研究
－中国 Ⅳ. ①B969.2

中国版本图书馆CIP数据核字(2022)第180180号

伊斯兰教中国化的历史经验

作　　者：戎　川
责任编辑：方昊飞　吴晓雯
出版发行：华文出版社
地　　址：北京市西城区广安门外大街 305 号 8 区 2 号楼
邮政编码：100055
网　　址：http：//www.hwcbs.cn
电　　话：总 编 室 010－58336239　发 行 部 010－58336202
责任编辑 010－58336265
经　　销：新华书店
印　　刷：北京建宏印刷有限公司
开　　本：710mm×1000mm　1/16
印　　张：10
字　　数：138 千字
版　　次：2022 年 12 月第 1 版
印　　次：2022 年 12 月第 1 次印刷
标准书号：ISBN 978-7-5075-5690-2
定　　价：38.00 元

目　录 CONTENTS

导 言

2017年下半年，中央社会主义学院历史性地创办了第一期新疆中青年爱国宗教人士培训班并取得圆满成功，得到党中央领导同志的高度肯定与多次批示。本教材即以中央领导同志的批示精神为引领，以文化认同促进政治认同为视角来梳理伊斯兰教中国化的历史，回应与解答伊斯兰教人士心中的疑惑，凝聚共识，坚定伊斯兰教中国化方向的信念。本教材主要试图讲清楚如下问题，即伊斯兰教自唐代传入中国后一直不断适应并主动融入中国社会的发展历程；明清时期中国伊斯兰教先贤面对伊斯兰教的衰落而主动与时俱进所发起的"以儒诠经"学术运动，由此而形成了中国伊斯兰教经学体系，缓解了伊斯兰教与中华文化之间的张力并融入中华文明的共同体之中，回族至此完全成为中华民族共同体的有机组成部分；鸦片战争以来直到抗日战争胜利，中国穆斯林自觉以"爱国是信仰的一部分"[①]来要求自己，在中华民族危亡之际，在国家存亡之际，为中华民族做出贡献；新疆伊斯兰教中国化的历史脉络，阐明新疆多民族多宗教的历

① 抗战时期，一则与爱国有关的圣训得到广泛推崇。从今天留存的历史报刊，不难想见当时引用之盛。这则圣训在传述中文字略有差异，但意思并无分歧。有云："爱国属于信仰道德之一部分。"还有从另一角度所说"至圣曰：爱国属于信德，换言之，不爱国即有损于信德也"。直到今天，这则圣训仍被广泛引用，成为不少人都耳熟能详的一句话——"爱国是信仰（伊玛尼）的一部分。"由此可见，中国穆斯林的爱国热忱，从未因其宗教信仰而削弱，反而得到加倍鼓舞，每每在民族国家兴亡的重大关头，爆发出惊人力量。——引自李林：《"教法随国论"——伊斯兰教法中国化的本土经验与普遍意义》，《文化纵横》2018年第1期。

史史实，与维吾尔族的族源等问题；对新时代伊斯兰教中国化做出理论上的探讨，对改革开放以来伊斯兰教中国化的研究进行总结，并展望未来，讲清楚中央社会主义学院对新时代伊斯兰教中国化所做出的理论和实践上的探索。

伊斯兰教从初传至今历经一千三百多年的历史，故考古与文字史料也散乱庞杂，用什么视角去看待这些史料，提纲挈领地将其整合为一个系统，是伊斯兰教中国化研究的关键所在。本教材即以文化认同促进政治认同以及中华文明多元一体格局为视角来统合这些史料。达到用历史史实来解惑的效果。国家的政策语言绝不是空洞抽象的文字，而是对历史发展的高度凝练并以此来指导未来的方向。视角是打开历史的一把钥匙，当我们带着这样的视角去看待伊斯兰教中国化的历史，这会对国家的政策认同更加坚定、更加踏实，对伊斯兰教中国化的道路充满信心。希望这本教材能解开学员们心中的疑惑，以情感人、以理服人。

第一章

唐宋初传期伊斯兰教先贤的文化认同

历史从来不是干枯的说教，也不是哲学的理性推演，而是一个个鲜活的人和生动有趣的故事，他们的喜怒哀乐汇成了历史长河，并继续流向远方。宗教信仰者眼中的宗教尤其如此，宗教史上的先贤，往往成为信徒崇拜与模仿的对象。宗教史上的先贤有些存在于宗教经典中而未被史料所佐证，这属于神学范畴的研究；而另一些为史料所佐证的鲜活历史人物及其相关事迹则是我们所要引述和分析的。这些伊斯兰教中国化过程中的先贤的高尚德行与广博学识也可以对当今中国伊斯兰教信众起到很好的示范引领作用。

历史上伊斯兰教在世界的传播，往往给人以“武力”甚至“暴力”的刻极。这是政治绑定的伊斯兰教，是工具化的伊斯兰教，遮盖了作为宗教与哲学本身的伊斯兰教。而初传到中国的伊斯兰教则是剥离了政治的伊斯兰教，更加注重文化间的对话。唐宋时期初传至中国的伊斯兰教恰恰是以和平的方式进入，以文化交融的态度落地的。说起伊斯兰教的初传，自然离不开将其带入中国的伊斯兰教先贤，他们是伊斯兰教初传至中国的载体。

我们可以从一位真实的历史人物说起，他就是穆罕默德的后裔，扬州仙鹤寺的建造者，南宋时期来到中国的阿拉伯学者普哈丁。[①] 选取普哈丁作为打开伊斯兰教中国化的钥匙，有三方面的意义：首先，普哈丁是

① 薛清、王锡奎：《追述中阿友好使者普哈丁》，《中国穆斯林》2015 年第 6 期。

“圣裔”，兼具宗教的神圣性与历史的真实性，能够为教内外人士所公认；其次，普哈丁是伊斯兰教初传中国的伊斯兰教人士的代表，是中国伊斯兰教历史的早期代表人物，他是中国伊斯兰教信众的榜样；最后，普哈丁的历史事迹符合文化认同的基调，纵观整个伊斯兰教中国化的历史，但凡有所建树的中国伊斯兰教先贤无不是以文化认同作为切入点，进而获得政治认同，中华文明以及中华民族共同体都得以不断筑牢。

第一节　致力于文化交流的中国伊斯兰教先贤普哈丁

在唐宋“海上丝绸之路”的贸易往来中，阿拉伯人和波斯人的身影非常活跃，普哈丁是这个历史阶段来到中国的众多穆斯林之一。1265 年夏，即南宋咸淳年间，普哈丁以商人的身份带着他的商团和珍贵货物抵达了南宋疆域内最繁华的城市之一——扬州。他来这里不仅仅是为了经商，更多的是他对中国文化的向往。

普哈丁是伊斯兰教创始人穆罕默德第十六世裔孙，自幼就受到良好的教育，并且拥有丰富的学识，是当地非常有名的学者。由于当时阿拉伯和唐朝之间的贸易非常发达，两国的交往也友好且频繁，因此普哈丁身边有不少到过中国的朋友。在同这些人的交谈中，他对中国这个繁华大国的兴趣日浓，57 岁那年，他终于下定决心要去中国看看。但普哈丁并没有像现在的人那样来一次所谓“说走就走的旅行”，他对这次中国之旅非常慎重，因为他并不是单纯经商，而是希望能进行深层次的文化交流。普哈丁耐住性子用了四年的时间去钻研中国的学问，学习中国的语言，多方面搜集资料去了解中国。在这个过程中他进一步明确了自己旅行的具体目的地，那就是当时中国最为繁华的国际港口之一——扬州。在这里，各国的商船在繁忙的大运河上来往，来自中亚、西亚的穆斯林商人更是络绎不绝。扬州深厚的历史文化底蕴以及流经此地的京杭大运河，都让普哈丁为之向往。

经过多年准备，已经 61 岁的普哈丁终于来到他梦想中的扬州。精通伊斯兰教哲学并且饱览中国文化的普哈丁很快便以他个人的德行、学识感动了当地的地方官和百姓。他来到中国之后依然刻苦学习中国语言和文化，用中国的语言和文化同扬州当地的官员和百姓交流，探讨中阿两种文化的异同。他和当地的地方官元广恩成为好友并且受到了当地百姓的敬重。正所谓“德不孤，必有邻”，德行高尚且学识深厚的人，往往可以打破宗教与文化的壁垒而被大家接受。伊斯兰教传入中国的初期之所以能落地生根，其中一个原因便是伊斯兰教先贤的德行与学识得到人们的认可。

仙鹤也是中国文化的标志之一，尤为道教所尊崇，佛教也颇多青睐。唐代李翱在其《赠药山高僧惟俨（其一）》一诗即以仙鹤来形容高僧。“练得身形似鹤形，千株松下两函经。我来问道无馀说，云在青天水在瓶。”在唐代，扬州即有“鹤城”之称。而深受中国文化影响的普哈丁对仙鹤也是非常喜欢。普哈丁喜爱唐诗，对李白那句“故人西辞黄鹤楼，烟花三月下扬州”的诗句赞叹不已，他也曾在武昌亲临黄鹤楼一睹其风采。因为自身对鹤文化的喜爱，加之扬州人崇鹤的习俗，普哈丁决定在扬州修建一座具有仙鹤外形的中国南方园林风格的清真寺，并取名为“仙鹤寺”。按照当时的设计布局，大门对面的照壁为鹤嘴，大门堂为鹤头，向北的露天通道为鹤颈，礼拜殿为鹤身，南北两厅房为鹤翅，南北两古井为鹤眼，南北两棵柏树为鹤腿，大殿后的竹林为鹤尾。伊斯兰教与中国文化的融合是如此符合文化交往的规律。

仙鹤寺的建造过程，还以传说的形式被后人传颂。传说当时城东有座龙王庙，住持老僧华仙素擅法术，在当地颇有影响。不料，普哈丁和老僧华仙皆相中同一个地址，一个要修清真寺，一个要修庙，地方官知二人皆非凡夫俗子，让二人各显“法力”，一见高低。结果，普哈丁先贤取胜，老僧华仙见状乃折服而退。地方官将该地判给普哈丁先贤建造了这座清真寺。这虽然是一个口耳相传的传说，但传说往往是现实的折射，从中可以看出，普哈丁在文化的交流过程中可能与其他宗教或文化形式产生过直接交流甚或是辩论。真正有德行与学识的人，不仅不会回避文化之间的交流，还热衷于思想上的碰撞与相互进步。普哈丁曾多次到访位于扬州南郊的佛教禅寺高旻寺，[①]与住持品茶交谈，切磋教理。

普哈丁前后在扬州生活了十年，这期间他常常去扬州以外的地方游历和讲学。他从济州（今山东济宁）交流归来，在返回扬州的船上，安然离世。普哈丁生前的好朋友元广恩打开了老人留下的遗书，遗书中请求将其安葬在大运河边。于是，元广恩按照普哈丁的遗愿，把他葬在了运河东畔的一座高岗上，这就是普哈丁墓。普哈丁墓仍旧以中国园林建筑风格修建，据考证，普哈丁的陵墓是由波斯人修建的。普哈丁以文化交流的目的来到中国，最后也以文化融合的形式安葬。据说，明朝时，永乐皇帝甚至把普哈丁墓视为国宝，下令予以保护。济州是孔子的故乡，也是儒家文化的发源地，与此同时，它也是日后明清中国伊斯兰教“以儒诠经”学术运动的策源地之一，普哈丁未完的事业，终由明清的中国伊斯兰教先贤接力完成。

普哈丁生前曾经告诫后人，不要给他留下任何画像和记载。然而，扬州地方官广陵郡守元广恩对普哈丁非常欣赏且敬重。有一次，元广恩在接见普哈丁之前，特意找来了一个画师，让他在屏风后面，仔细观察普哈丁，为普哈丁画一幅肖像画。这位画师在屏风后面所画的画像，也成为普哈丁唯一留下的画像。很多扬州百姓也都敬重普哈丁的德行与学识，他们也像阿拉伯人一样，尊称普哈丁为“筛海巴巴”，意思是有学问的长老。普哈丁以其高尚的德行、广博的胸怀、开放的态度和深厚的学识为伊斯兰教中国化奏响了前奏，谱写了主旋律，因此称普哈丁以及与其相类的学者为早期中国伊斯兰教先贤，是恰当的。

第二节　政治、经济交往为载体带来文化交融

伊斯兰教诞生于阿拉伯半岛，带有明显的游牧、沙漠、商业等特性。这些特性随着伊斯兰教的东进都得到了不同程度的延伸，在伊斯兰教初传

① 薛清、王锡奎：《追述中阿友好使者普哈丁》，《中国穆斯林》2015 年第 6 期。

中国时期，其商业负载文化的特点表现得较为突出。前述的先贤普哈丁即是以商业方式来进行文化上的交流。其实，在伊斯兰教诞生之前，中国与阿拉伯地区便有着悠久的交通史，中国与阿拉伯的历史渊源可谓深远。

《史记》中称阿拉伯为“条枝”，地处“安息西数千里，临西海，暑湿”[①]。97年，甘英[②]出使西域，中国人对阿拉伯有了更多也更加准确的了解，《后汉书》记载其地“海水曲环其南及东北，三面路绝，唯西北隅通陆道”[③]，这更加符合我们现在对阿拉伯地理环境的认知。自此以后，汉朝每年都会派遣多批使者前往中亚及西亚各国，与阿拉伯保持着直接或间接的交往。唐代称阿拉伯为“大食”，音译自波斯人对邻近的阿拉伯塔伊部落的称呼。从语言形成的角度来说，中国的国家通用语言也是一种多元一体的语言结构，随着历史的发展，外来语源源不断地融入汉语，不断丰富着中华文明的内涵，中华文明的共同体不断地发展壮大。世界上没有一种文明是凭空出现的，只是多元文化共同体以本地特色的方式呈现，这是个开放的系统，且永远朝向着未来开放。

在伊斯兰教初传中国的过程中，宗教并不是主要因素，伊斯兰教主要是以政治及商业交往为载体，以商人、使者的“文化习俗”进入中国。从唐代外来穆斯林的分布可以看出，主要集中在首都长安与东南沿海城市，如扬州、广州、泉州等港口城市。这是因为两国的交往在唐代中期之前以陆路为主，也就是我们熟知的“丝绸之路”。而经过“安史之乱”[④]后的唐朝国力衰弱，渐渐失去了对西北陆路的控制权，中国和阿拉伯、波斯之间的海路交往因此渐渐兴盛起来。阿拔斯王朝[⑤]第二任哈里发曼苏尔

---

① 《史记》卷123《大宛列传》。

② 甘英（生卒年不详），字崇兰，东汉人。曾于汉和帝永元九年（97）奉西域都护班超之命出使大秦，但仅到达波斯湾一带。

③ 《后汉书》卷117《西域传》。

④ 安史之乱是唐代玄宗末年至代宗初年（755—763）由安禄山与史思明背叛唐朝后发动的战争，是同唐朝争夺统治权的内战，是唐由盛而衰的转折点。

⑤ 阿拔斯王朝为阿拉伯帝国的第二个世袭王朝，古代中国史籍中称之为黑衣大食。于750年取代倭马亚王朝，定都巴格达，后于1258年被蒙古旭烈兀西征所灭。

（754—775）将阿拉伯帝国首都由大马士革转至巴格达，标志着阿拉伯已将对外交往的重点由陆路转到海路，这种转移恰恰是和陆上丝绸之路自"安史之乱"后衰落的现实相适应的。[①]由此不难推测出阿拉伯力图加强海上通道，无疑是考虑到和中国互利互惠的传统联系。

唐永徽（唐高宗）二年（651）到贞元（唐德宗）十四年（798）的147年间，阿拉伯向唐朝官方正式遣使有三十九次之多，仅天宝十二年（753）三月、四月、七月和十二月，黑衣大食就曾四次遣使来朝，朝廷对其中的首领人物赐紫袍、金钿带、鱼袋，并授"中郎将"[②]等官职。[③]这还只是官方正式的交流，非官方的交流更是多不胜数。由此可见，中阿之间传统友谊之深。贸易是双向的，不少中国商人也远赴巴格达，把中国商品远销至西亚及欧洲各地。由于中国商品在国际上非常受欢迎，因而巴格达城内便有了专门卖中国货的市场，[④]至今巴格达的阿拉伯博物馆还收藏着9至10世纪的中国越窑青瓷，由此可以想象出当时的繁忙与热闹。而大批来华的大食和波斯穆斯林商人，不仅交易本国特色商品，他们还充当起"代购"，路途中向斯里兰卡收购当地特色宝物，向马来西亚收购黄金，转运到广州换取绫绢丝锦等货物。唐宋时，中国、伊朗、阿拉伯之间的紧密联系由此可见。关于中阿之间的交往，双方和平交往当然是主流，但两大帝国之间边境上也有过摩擦，即著名的"怛罗斯之战"[⑤]，战后被俘的人员中有造纸匠等一些技术工匠，他们因为这次战争，阴差阳错地把造纸术传给了阿拉伯人，并由阿拉伯人传播到欧洲，对西方文明的发展起到了重要的推动作用。

唐朝曾在"安史之乱"中向阿拉伯借兵平乱，这些兵来自哪里则缺

① 余振贵：《中国历代政权与伊斯兰教》，宁夏人民出版社1996年版，第21页。

② 中郎将，中国古代武官名称，秦汉始置。

③ 余振贵：《中国历代政权与伊斯兰教》，宁夏人民出版社1996年版，第15页。

④ 希提：《阿拉伯通史》上卷，马坚译，商务印书馆1979年版，第355页。

⑤ 怛罗斯之战是唐朝安西都护府的军队与阿拉伯帝国的穆斯林、中亚诸国联军在怛罗斯相遇而导致的战役，对唐与阿拉伯的关系没有显著影响。

乏详细史料，学者们也提出了多种猜测，本书采纳其中一种看法，即官方通使时护送阿拉伯使者的士兵，他们参加了平定“安史之乱”的战争，共有千余人。从这个细节也可以看出中阿之间非同一般的关系。战争结束后，他们大部分留在了中国。唐朝后期国力下滑，供养这些士兵成为比较沉重的经济负担。如何妥善安置这些人便成了棘手问题。贞元（唐德宗）三年（787）七月，当时的宰相李泌对他们进行了户籍清理，要求他们要么离境回国，要么加入中国籍，成为唐民，政府给他们军职或者公职，大家一起为唐效力。清查结果表明仅仅留居长安的胡客就有四千人左右。史料记载，这些人留居长安久者已有四十多年，他们已在长安娶妻生子，买田置地，安居乐业，没有一个愿意回家的，都愿意留在中国。这些人也成为地道的中国穆斯林。他们在此生根并通婚，成为后来回族的源流之一。

伊斯兰教由此随着政治和经济的交往进入中国。这些来到中国的商人、进贡的使者与参战的军人，他们获得准许居住在中国，史称“住唐”。他们在长安、广州、泉州、扬州等地居住。有的一住就是十年，甚至几十年。从唐朝开始，这些人就被称为“蕃客”，这些蕃客有的带来了自己的妻子儿女，有的则在当地娶妻。他们在中国所生的子女，被称为“土生蕃客”。唐朝的首都长安，也是大食和波斯蕃客居住最为集中的城市，当时的街头巷尾都可以见到他们的身影，特别是随其来华的大食和波斯的妇女。她们带着珍贵的耳环，穿着鲜亮的衣服，加之轮廓分明而靓丽的容貌，被中国人称为“波斯妇”或“菩萨蛮”。中国古诗词的词牌名《菩萨蛮》，据说便来源于此。[①]

当时，留居扬州的阿拉伯和波斯穆斯林有几千人之多，唐朝末年留居广州的阿拉伯和波斯穆斯林达到上万人，这些穆斯林商人非常富有。当时在海南岛，有两个大海盗，一个叫冯若芳，一个叫陈武振。他们以劫掠波斯穆斯林商船为业，成了家累万金的海中巨富。冯若芳每年劫掠波斯商船二到三艘，把船上的珠宝据为己有，将船上的商人及船员男女收为奴

① 王灵桂:《中国伊斯兰教史》，中国友谊出版公司 2010 年版，第 112 页。

婢。我们熟知的佛教大师鉴真和尚曾亲眼见证并记录了这一幕。天宝（唐玄宗）八年（749）鉴真和尚第五次东渡日本失败，被大风吹到海南岛，遇到了冯若芳。冯若芳认为这是一个很好的积累功德的机会，便把他请到自己家供养，鉴真大师记载了他的见闻，“奴婢居处，南北三日行，东西五日行，村村相次”[①]。这些外来穆斯林后来成为海南人的源流之一，并融入当地。

在唐代人的心目中，伊斯兰教并没有被当作一个宗教去看待。唐代史籍称伊斯兰教为“大食法”，也就是说，当时人们更多的是从世俗角度去观察和把握伊斯兰教，把伊斯兰教当作阿拉伯以及波斯人的一种风俗习惯。再者，伊斯兰教本身所提倡的是入世主义，这一点又与当时中国的主流价值观不谋而合。这也是它同其他宗教，特别是佛教所不同的地方。唐武宗会昌五年（845）四月，发生了“会昌法难”[②]。唐武宗在打击佛教的同时也几乎消灭了景教、祆教、摩尼教等宗教，唯独伊斯兰教没有受到影响，原因就在此。

第三节　外来伊斯兰教先贤的中华文化气质

从普哈丁的例子可以看出，当初他在得知中国以后对中国很感兴趣，但是，他是学了四年的中国文化后才起程来到中国。在到来之后也乐于以开放包容的胸怀和和谐的态度同当地的官员、老百姓交流。这说明当时来自阿拉伯的穆斯林群体，是乐于去学习和接受中国文化的，并没有排斥心态。他们不管是出于什么原因，都乐于或者善于学习中国文化，吸收中国文化，普哈丁并不是唯一的例子，这样的人还有很多。

唐代史籍中关于穆斯林的记载很少能看出他们的伊斯兰性格，有的

① 秦惠彬：《中国伊斯兰教与传统文化》，中国社会科学出版社 1995 年版，第 11 页。

② 唐武宗李炎在位期间（840—846），推行一系列“灭佛”政策，以会昌五年（845）四月颁布的敕令为高峰。这一事件使佛教在中国受到严重打击，史称“唐武宗灭佛”。因唐武宗年号“会昌”，故佛教徒又称之为“会昌法难”。

俨然儒士形象。唐朝末年来华的一位阿拉伯使者，来到中国以后非常向往大唐盛世。他定居在中国，取名为李彦升。他最初顺着海路到达广州，来了之后并没有固守自己的本土文化，更没有强行让周围的人都顺着他的伊斯兰教信仰，而是以开放的态度努力学习中国文化，并且到了精通的程度。以开放的心态博通各种文化模式其实不仅是外来伊斯兰教先贤的特点，也是一切为世人所敬重的有德之贤圣的共同特点。他在广州的时候，结识了当时的岭南节度使、广州刺史卢钧并“以道祈知于帅”[①]。也就是说，这位面貌迥异于中国人的“老外”，对中国文化的理解程度让卢钧吃惊，他对中国文化的理解深入到什么程度呢？以至卢钧随着自己的官职变化将他带到了汴州（今河南开封），并向唐宣宗推荐他，让他参加科举考试。唐武宗采取了崇道抑佛的政策，也几乎灭掉了其他宗教文化，唐宣宗继位后一改这一政策，对外国人以及外国文化依旧采取开放的态度，恰逢此时李彦升得到了卢钧的推荐。唐宣宗恩准他参加科举考试，但不能“走后门”，必须和广大中国学子公平竞争。李彦升不负众望，于 848 年高中进士，当年全国进士一共才 22 位，李彦升就是其中之一。他也成为有史料以来第一位穆斯林进士。他开了一个先例，也引起了朝堂的辩论，辩论的主题是到底要不要起用一个外国人来参与中国的内政，卢钧认为李彦升身为蕃客却心向中华，最终打动了皇帝，李彦升也被钦点为翰林学士。

后来，陈黯专门为此事写了一篇《华心》赞赏李彦升，这篇短小精辟的文章收入《全唐文》，足以引后人深思。文章观点认为，这个人到底是不是一个中国人，不是靠外貌如何来辨别，而是看他的心向何处，“有生于中州而行戾乎礼义，是形华而心夷也。生于异域而行合乎礼义，是形夷而心华”。[②]也就是说，有的人长着中国人的样子，做出的事却违背中国的伦理文化，那么他就不是中国人。而另外一些人虽然是外国人，但行为内心符合礼义文化，那就是中国人。陈黯对李彦升的评价，可谓诚挚感

① 余振贵:《中国历代政权与伊斯兰教》，宁夏人民出版社 1996 年版，第 28 页。

② 《全唐文》卷 767《华心》。

人。作为阿拉伯来华的穆斯林先贤，能够得到中国文人如此赞誉，足以值得当今中国穆斯林学习。

唐后的五代十国是分裂与战乱时期，关中地区又是历代兵家必争之地，原来繁荣稳定的首都长安变得动荡不安。因此，原来居住在长安的穆斯林都迁往四川寻求乱世中的安宁。其中最为著名的当数李氏兄妹，也即李珣、李玹与李舜弦，他们为波斯来华穆斯林的第二代。先来说其中最有名的李珣，以他的《望远行》中的一段作为切入点，直观地领略一下这位波斯穆斯林的中国文化造诣。

> 春日迟迟思寂寥，行客关山路遥。琼窗时听语莺娇，柳丝牵恨一条条。休晕绣，罢吹箫，貌逐残花暗凋。同心犹结旧裙腰，忍辜风月度良宵。[①]

这段描写初婚不久的少妇思念远行丈夫的词，我们不妨跳出文字的束缚，以中国画的方式去感受这首词，会发现这情景交融的手法与中国文化之间完全契合，甚至比本土中国文人的功力更加深厚。漫漫春日傍晚，莺声娇语成双入对，反衬着主人公的春思离愁。以柳丝喻别离，条条柳丝牵着离恨别情，表达了离恨之多，离恨之深。写景与意象融汇，意境浑然。在此情此景下，主人公心灰意冷，无心刺绣和吹箫，“晕绣”和“吹箫”本都是美好事物的象征，但这里都失去了意义。无奈春光虚度，人随花老，定情的同心结还系在腰间，难道那远行的夫君就忍心辜负这良辰美景吗？这首词简单易懂，有着深厚的中国文化底蕴，我们丝毫感受不到文化的疏离感。《全唐诗》收录李珣诗词 54 首，说明中国文化本身对这位波斯人也是非常认同的。此外李珣对中医药学也有贡献，他出生于药学世家，精通各类药材，对当时从海外传入的药物更有深刻研究，著有《海药本草》六卷，以引述海药文献为特点，全书收录药物 124 种，原书至南

① 《全唐诗》卷 896 第 11 首。

宋已佚，李时珍在《本草纲目》中多有引用，由此可见中医药学也是集诸家所长的文化共同体。有时候，我们会认为所谓中医的“中”是中国的意思，其实这个“中”也有中庸之意，恰好与伊斯兰教的“中道观”有相通之处，两种医药学能够相互融合，取长补短，与二者背后所蕴含的哲学道理不无关系。

但这里我们可能会生起一个疑问，那就是李珣这样的穆斯林先贤们，其实是被中国文化完全同化了。这种疑问可以理解，但并不准确，因为中国文化从来都是和谐包容的，不是一种文化消灭另一种文化而生存，而是多元文化并存，不断丰富自己，不断形成中华文明的共同体。这是中华文明的特点，从史料也可以看出李珣本身也是通晓两种文化而兼容并蓄。李珣有一位好友叫尹鹗，朋友之间打趣开玩笑，曾写过这样一首诗：“异域从来不乱常，李波斯强学文章。假饶折得东堂桂，胡臭熏来也不香。”[①]这首打油诗里写的就是李珣所保持的伊斯兰教习俗。当然这诗句之间充满了朋友间的调侃与打趣。从李珣的作品来看，中国的诗词是中国文化无疑，波斯的医药学也是伊斯兰世界的文化传统。

李珣的弟弟李玹则倾心于道家与道教文化，平时举止淡然清雅。他继承祖业，在成都开了一家药铺，经营海外的名香奇药，同时也掌握了波斯药学的知识。后来，他把炼丹作为人生终极目标，视钱财如粪土，他也很擅长围棋，懂得中国的养生之道。晚年因为一生崇道炼丹而家境清贫，“家无余财，惟道书药囊而已”[②]。把所有的财产投入炼丹上，家里只剩下道教的书籍和药囊，也许在乱世之中，李玹寄情于此吧。

李珣的妹妹李舜弦则是一位既有异域之美，又符合中国文化标准的才女，她是五代十国四川政权的前蜀后主王衍的妃嫔，常常在一些公开活动里随景赋诗，因其美貌与才情颇为王衍所喜爱，《全唐诗》当中也收录了她的三首诗。在绘画界还有个说法，说李舜弦开辟了墨竹画的先例。夏

① 秦惠彬：《中国伊斯兰教与传统文化》，中国社会科学出版社 1995 年版，第 16 页。

② 高文德：《中国少数民族史大辞典》，吉林教育出版社 1995 年版，第 1019 页。

文彦的《图绘宝鉴》中称李舜弦不仅能写诗，还擅中国画，并把她视为墨竹画之祖：“月夕独坐南轩，竹影婆娑可喜，即起挥毫濡墨，模写窗纸上，明日视之，生意具足。或云，自是人间往往效之，遂有墨竹。”[①]从她之后，中国有了墨竹画。可惜红颜多薄命，李舜弦生于乱世，并在政治斗争的倾轧中受波及而去世，只活了20多岁，一代才女从此湮没在尘世中。现存李舜弦诗只有三首，为《钓鱼不得》《蜀宫应制》和《随驾青城游》。

两宋时期，中国与阿拉伯和波斯之间的贸易依然发达，成为两宋时期重要的经济来源，留居东南沿海的穆斯林已经具有较大规模。这些长期留居的外来穆斯林将自己视为中国社会的一分子，有着很强的社会责任感，热心社会公益事业。宋代的穆斯林，人丁兴旺，百业繁荣，不仅有专供蕃坊居民买卖的市场（蕃市），还有由政府兴办，专收蕃商子弟的学校（蕃学）、清真寺、养育院等机构。光塔路的怀圣寺，建于唐代，是伊斯兰教传入中国最早兴建的清真寺之一。

文献记载，宋代熙宁年间，广州有一位长住广州的大食外商辛押陀罗（今译为谢赫阿布杜拉），他在中国生活了几十年，因做外贸生意，积累下了“数百万缗”[②]财产，而南宋时候朝廷靠外贸而获得的年收入最高为300多万缗，可想而知辛押陀罗的贸易规模。他在中国住了几十年，有一种很强的归属感，希望国家能够承认他的身份，他“自比于内臣”[③]，早就把自己当成中国的一分子，还请求朝廷的加封。朝廷任命他为蕃长，并且加封他为“归德将军”[④]，以奖励他所做出的贡献。担任蕃长后，辛押陀罗多次利用自己的人脉，向本国海商发出邀请，希望大家能一起来广州做生意。他还向政府捐出银两，帮助修建广州城墙，向学校捐资、赠田，甚至自己兴办学校。蕃坊最繁盛时期，光塔路至中山六路一带，聚居着“蕃

① 屈小强：《墨竹源出西蜀考》，《四川文物》1992年第1期。

② 一缗即一贯铜钱（一千文），数百万缗即几百万串铜钱。

③ 秦惠彬：《中国伊斯兰教与传统文化》，中国社会科学出版社1995年版，第20页。

④ 余振贵：《中国历代政权与伊斯兰教》，宁夏人民出版社1996年版，第62页。

汉万家”，这无疑是一个和谐而又有人情味的写实描述。

第四节　伊斯兰教初传中国时的和谐包容

一提到伊斯兰教，往往伴随而来的就是各种刻板印象，往往和“极端”“保守”等词汇联系在一起。其实，这只是用某种错误的观念代替了真正的伊斯兰教，以致形成错误的认知循环，对伊斯兰教的误解越来越深。伊斯兰教在诞生之初便与政治相连，因此，伊斯兰教真正精华的一面被遮蔽，在历史中不断被各种势力利用，也就形成了如今的刻板印象。

伊斯兰教中国化的历史，几乎与伊斯兰教的诞生同时发生，而伊斯兰教初传中国时的形态，也可以说是与政治相剥离的作为学问的纯粹的伊斯兰教的表现形式，可以反映出真正的伊斯兰教的核心特点之一，那就是“和谐包容”。最初来华的穆斯林先贤们也大多抱有这样的心态。这可以说与我们当今对伊斯兰教的刻板印象相去甚远。然而历史的遗迹是最有力的证明，上文提到过普哈丁在扬州建造了颇具中国文化建筑特色的清真寺，取名为“仙鹤寺”。中国最初的几个清真寺的名字都非常具有中国特色。下面要提到的是中国又一座清真古寺，即福建泉州的“清净寺”，听起来有一种佛道文化的意味。多元宗教文化的交融，在泉州这里体现得淋漓尽致。

一提到“海上丝绸之路”，就不得不提到福建省泉州市。这个被联合国教科文组织认定为“海上丝绸之路”起点的城市，既是宋元时期“海上丝绸之路”的主港，又是昔日被世人公认的东方第一大港。而清净寺正是泉州这段辉煌历史的见证者。清净寺，又称艾苏哈卜大清真寺，也被称为“圣友寺”，意为穆罕默德圣人的追随者。它是阿拉伯穆斯林在中国创建的现存最古老的伊斯兰教清真寺，始建于北宋大中祥符二年（1009）。一千多年前，数万阿拉伯商人沿着“海上丝绸之路”，带着香料、药物和各种奇珍异宝不远万里来到泉州，又从泉州把中国的丝绸、瓷器、茶叶等商品运往西方。如火如荼的丝路贸易不仅使泉州港成为当时与亚历山大港齐名的港口，更使泉州成为伊斯兰教传入中国最早的地区之一。历史上，泉州曾拥有过七座清真寺，清净寺就是其中一座。它仿照中世纪阿拉伯地区清真寺形式而建，以石制建筑风格为主，不同于中国的木制建筑。它更加实用，更加经得起时间的磨砺。清净寺的石构建筑非常牢固，四百多年前的大地震也没能把它摧毁，这也使得它成为中国东南沿海仅存的、非中国宫殿式建筑风格的清真寺。有伊朗学者甚至认为，泉州可以称被为伊斯兰教除麦加和麦地那之外的世界伊斯兰教"第三大圣地"，由此可见当时的繁盛。

寺里的建筑大多是按照伊斯兰风格建造的，唯独被称为"明善堂"的礼拜堂是一座具有闽南古民居风格的建筑，其命名与建筑风格都极具中国文化的风格。明善堂是后期修缮时结合当地建筑风格重建而成的，因此具有中国文化的风格，值得一说的是堂前矗立的宋代"出水莲花"石香炉。石香炉高约 1 米，直径约 35 厘米，由叶蜡石（寿山石）雕制而成。上部是一朵盛开的大莲花，花心略为下凹，大莲花周围再围绕一圈小莲花。往下是永不凋谢而各有特色与灵气的莲蓬或含苞待放的花朵。其真意为"清净"与"洁白"。莲花虽为佛教敬仰之物，但伊斯兰教仍尊而敬之。不同于中国佛教庙宇里终日烟火袅袅的铜香炉，由于伊斯兰教教义反对偶像崇拜，忌烧香祈祷，因此，这个莲花石香炉是穆斯林在礼拜时，用于焚烧檀香、调节空气。香炉是佛教的法物，外来穆斯林修建清净寺的时候，便雕刻了这座石香炉，恰恰说明了初传中国的伊斯兰教本身的包容性，它吸纳了泉州的佛教文化，众多穆斯林聚在一起举行礼拜时，将檀香末放置在香炉顶端下凹处焚烧，借以净化空气，香炉又有了这种伊斯兰教"洁净"的意味在里面。燃香在这里有了清净、洁净之意，起到了凝神静心的作用，这也符合伊斯兰教的教义。以佛教的方式达到伊斯兰教的教义，可见宗教文化的融合并不会削弱宗教信仰，反而使得宗教本身变得更加富有生机。初传伊斯兰教和谐包容的特点在这里展现无遗。

在清净寺周围，东北方有佛教的开元寺，正北方有道教的元妙观、儒家的文庙，西南方则有天后宫。方圆一公里[①]内，伊斯兰教、佛教、道教、儒教，不同宗教文化和谐相处，不同信仰彼此尊重，相安无事。不禁让人联想到宋元时期作为世界最大都市之一的泉州“市井十洲人”“涨海声中万国商”，这多元文化融合的繁荣景象。不仅清净寺中有香炉，在著名的泉州伊斯兰教灵山圣墓中也有石香炉。

明代著名历史学家何乔远撰著的《闽书》卷七《方域志 · 灵山》载：“自郡（泉州城）东南折而东，遵湖岗南行为灵山，有默德那国（即默地拉）二人葬焉，回回之祖也，回回家言，默德那国有吗喊叭德（穆罕默德）圣人，……门徒有大贤四人，唐武德中（618—626）来朝，遂传教中国，一贤传教广州，二贤传教扬州，三贤、四贤传教泉州，卒，葬此山。”后人传称其墓为“圣墓”[②]。这便是泉州伊斯兰教灵山圣墓的由来。三贤、四贤墓，位于泉州东郊，福厦公路东侧的灵山，距清净寺约四公里。先贤坟前后，均放置着石雕香炉，坟前的石雕香炉是由白花岗岩石凿刻的，颇为简朴，乃宋代遗物；坟后有两个雕刻精致的辉绿岩石香炉，是元代穆斯林所敬奉。这里香炉存在的意义和清净寺中的石香炉的意义相同，焚香洁净空气，让祈祷者内心安宁。其中还有元代重修“圣墓”的石碑，1983年4月，国务院泉州伊斯兰教史迹考察组将碑文重新译出，其中记载了两位先贤归真后，“人们因其福祥而用之。一旦遭遇艰难，彷徨无策，即前来瞻礼，祈求默示光明，并有奉献，均获益平安而返”[③]。我国伟大航海家郑和在1417年第五次率船队出访阿拉伯、波斯等国之前，专程来泉州灵山拜谒先贤坟，在圣墓前焚香，默祈真主恩赐船队在海上能平安往还。当时的地方官泉州穆斯林蒲和日修碑纪念了这件事。

从上述史料中，我们可以做一个小结。穆罕默德圣人的四大弟子沿海上丝绸之路到达中国，其中两位来到了泉州，他们被称作“贤”，可见

① 公里为非法定计量单位，1公里＝1千米。——编者注

② 黄秋润:《泉州伊斯兰教三贤、四贤墓》,《中国穆斯林》1989年第3期。

③ 同上。

是以学识与德行而被当地人所称颂。他们到达之后并没有拉帮结派，也没有结交政府官员，更没有通过武力强迫他人去信仰伊斯兰教，而是通过自己的德行赢得了人们的尊重，送之以“贤”的名号。在两位先贤归真后，大家遇到生活中的难事，还是会去墓前祈祷，由此可见，人们对这两位穆斯林先贤的敬重，学识与德行兼而有之，才能得到跨越宗教的尊重。

如今，泉州的伊斯兰教与泉州本土民间信仰和谐相处，互相融合。每年农历三月初三，当地穆斯林会来到真武庙，把关帝爷作为穆罕默德在中国的化身，进行奉祀。清净寺内留存明清古石碑，碑上用八卦之说解析寺内礼拜堂“奉天坛”的布局与结构。这些例子都说明了初传中国的伊斯兰教本身就是开放与包容的，并非保守的。这值得我们大家深思，宗教的健康发展到底靠什么，相信我们可以从中得到一些启发。

第五节　“蕃坊”与“蕃学”均以中华文化为引领

当唐宋时期数以万计的外来穆斯林与中国进行经济或政治的交流时，如何对其统一管理便成了政府需要去考虑的一件事情。最初的外来穆斯林与中国人杂居而生活，但新情况便会产生新问题。对穆斯林来说，他们需要在清真寺里按照特定的仪式与固定的程序进行礼拜，需要依照《古兰经》安排自己的生活，加之中国当时与伊斯兰世界的贸易收益是唐宋政府的财政支柱之一，于是为了适应他们的宗教活动、生活习俗、商业活动、社会活动等，作为外来穆斯林聚居区的“蕃坊”应运而生。蕃坊并不是所谓的“法外之地”，而是外来穆斯林主动适应中国社会，靠拢中国文化的一个过渡阶段。

唐宋之际来华的“蕃客”一般是政治交往的贡使、数量庞大的商人、传教士和留学生。大量的外国人来到中国，和鸦片战争时候外国人的侵略型定居有着本质区别。这些穆斯林蕃客来到中国后不愿返回故土，久居中国的原因是所谓的“向慕王化”，也就是说，他们在中国久住的原因是羡慕中国的繁荣富庶与国泰民安，他们想成为中国人。前文提到的穆斯林先贤，无不是如此，中国文化包容开放，中国的富庶安宁，吸引着他们。宋大中祥符五年（1012），大食国（阿拉伯）人无西忽卢华，是一位130岁高龄的老人，长相雄伟有德，他说来中国的原因是“自言远慕皇化，附古逻罗舶船而来”①，来了之后便久居广州不返，朝廷当时还对其进行了赏赐。所以，当时的外来穆斯林的聚居区“蕃坊”并不是外国在这里的办事处或殖民地，而是和平友好交往的产物。“蕃坊”既不是法外之地，也不是一种完全在中国政府事无巨细进行管理的纯粹的基层政权，其存在有制度上的合理性，符合当时的历史背景。

唐宣宗大中五年（851），阿拉伯商人苏莱曼在游记中对广州蕃坊的情况特点进行了较为详尽、精确的记录：“中国商埠为阿拉伯人麇集者曰康府（广州）。其处有回教牧师一人，教堂一所。……中国皇帝因任命回教判官一人，依回教风俗，治理回民，判官每星期必有数日专与回民共同祈祷，朗读先圣戒训。终讲时，辄与祈祷者共为回教苏丹祝福。判官为人正直，听讼公平。一切皆能依《可兰经》(《古兰经》)、圣训及回教习惯行事。故伊拉克商人来此地方者，皆颂声载道也。”②

北宋地理学家朱彧在《萍洲可谈》中也记录了他当时关于广州蕃坊的见闻资料：“广州蕃坊，海外诸国人所居住。置蕃长一人，管勾蕃坊公事，专切招邀蕃商入贡，用蕃官为之，巾袍履笏如华人。蕃人有罪，诣广州鞫实，送蕃坊行遣，缚之木梯上，以藤杖挞之，自踵至顶，每藤杖三下，折大杖一下。盖蕃人不衣裈袴，喜地坐，以杖臀为苦，反不畏杖脊。徒以上罪则广州决断。”③

从上述两则史料可以看出蕃坊的一些重要特点：唐宋“蕃坊”的蕃长属于大家推荐外来穆斯林中的有德之人，加之政府任命方才成为蕃长，蕃

① 邱树森:《唐宋“蕃坊”与“治外法权”》,《宁夏社会科学》2001年第5期。

② 张星烺:《中西交通史料汇编》第2册，中华书局1977年版，第201页。

③ 邱树森:《唐宋“蕃坊”与“治外法权”》,《宁夏社会科学》2001年第5期。

长的打扮与当时的中国人一模一样，所谓“巾袍履笏如华人”。他所具有的民事与刑事权力是十分有限的。民事方面主要是调解誓约、婚姻、继承、交易等方面发生的纠纷；刑事惩罚主要是比较轻的刑事案件，比如宋代的刑事案件惩罚由轻到重分为好几个等级，蕃长能决定的只有笞、杖两种刑罚，而且也不是由他一个人随意决定，因为“蕃人有罪，诣广州鞫实”[①]，也就是说，一切刑事犯罪必须先由政府去核实，轻的就交由蕃坊自行处理，“徒刑”以上就必须由政府处理，由此可以看出蕃长的整体权力十分有限，主要处理的可能只是与外来穆斯林蕃客的宗教与习俗方面的矛盾与案件，超出这个范围必须由国家有关部门进行处理。因此，对于蕃坊的思考不可陷入两个极端，一个认为蕃坊是完全自由的法外之地，一个认为蕃坊是唐宋政府对外来穆斯林的完全严格的管束。实际上，蕃坊就是外来穆斯林在成为中华民族有机组成部分之前的一种过渡形态，是国家统一治理与外来穆斯林有限自治相结合的一种符合实际情况的外来穆斯林聚居区的行政机构。比如前述的穆斯林先贤普哈丁就住在蕃坊中，他发现扬州当地生活着很多阿拉伯人，有的人像他一样，沿着“海上丝绸之路”远道而来，但也有不少人是阿拉伯人的后裔，他们的祖先早在唐朝时期就在扬州定居，从此世世代代居住在这里，为了解决这些阿拉伯后裔的遗产分配问题，宋朝政府还特意颁布了《蕃客五世遗产法》，可见唐宋政府对外来穆斯林群体的关怀与重视。

说起蕃坊中外来穆斯林的生活习俗，前文提到的宋代学者朱彧在《萍州可谈》中记载了外来穆斯林的习俗特征，“蕃人衣装与华异，饮食与华同……受戒勿食猪肉，至今蕃人但不食猪肉而已”[②]。从这里可以看出穆斯林前辈来到中国以后，有的还保持着异域的衣着风格，但是在吃饭方面，除了不吃猪肉以外，其他的并没有什么特殊的要求。一个时期，某些地区出现了所谓“清真泛化”的现象，其本质不过是“三股势力”[③]分裂

① 邱树森:《唐宋“蕃坊”与“治外法权”》,《宁夏社会科学》2001 年第 5 期。

② 周瑞海:《清真食品的特点探析》,《回族研究》2004 年第 1 期。

③ 即宗教极端势力、民族分裂势力与暴力恐怖势力。

国家的图谋，和穆斯林先辈比起来，这种极端化的思想不攻自破。

穆斯林来华之后，有些人带来了妻子儿女，有些人则在当地和中国人通婚且生儿育女。于是产生了一个问题，那就是这些“特殊”后代的教育问题，他们需要上学，对蕃客子弟进行教育成为亟须解决的问题。政府提“蕃学”，即是专为招收蕃客子弟入学就读而设的机构。当时为穆斯林蕃客子女解决学习问题，主要有以下考虑，首先就是政府希望通过提高蕃客子弟的文化素养达到“柔服远人”的目的[①]。简单地说，这种类似于现在的出国留学。唐宋时期中国本身就具有世界范围内的文化向心力，这里的蕃客主要是阿拉伯以及波斯的外来穆斯林，但实际上蕃客的范围包括当时世界上许多其他国家。满足大家的留学需求，是蕃坊设立的一个原因。与此同时还能以此为媒介将中国文化传播到世界各地，促进中外文化交流，以达到招来更多蕃商的目的。其次就是多数蕃客对中国语言和中国文化了解不够，不利于他们融入中国社会，不利于长期的贸易交往。通过学习中国文化，他们可以更好地融入当地社会中。宋朝科举设有专门面向外国学子的宾贡科[②]，他们可以通过科举考试进入仕途，这也是蕃客子弟们热衷蕃学的一个重要原因，与此同时也体现了唐宋时期中国的文化自信。

说起蕃学的学习内容，可能大家会理所当然地认为是以与伊斯兰教相关的宗教内容为主。实际则恰恰相反，主要学习内容是以儒家文化为核心的中国传统文化体系。大家接受教育的途径主要有三条，其一是就读于地方官学，也就是国家本身固有的本土学校，直接招收外来穆斯林子弟；其二就是外来穆斯林自己主动办学，他们办的学校却一点也不保守，而是兼收蕃客子弟与汉人子弟，好比现在的民办国际学校；其三就是地方政府专门为蕃客子弟而特地办的学校。这三类学校所授课的内容均以中国文化为主导，没有宗教课程。那么进而会有一个疑问，就是这些外来穆斯林子弟愿意来上学吗？他们到底是怀着保守还是开放的心态来上学呢？有一

① 黄日初:《北宋广州“蕃学”考》,《兰台世界》2012 年第 21 期。

② 同上。

则生动的史料可以说明这个问题。

北宋熙宁年间，程师孟开始在官学招收外来穆斯林子弟，而且在程师孟扩建州学的时候，就是前述的蕃长辛押陀罗资助他完成扩建。辛押陀罗后来还以个人的名义建立了一所学校，兼招蕃汉子弟。南宋龚明之《中吴纪闻》记载："程师孟知广州，大修学校，日引诸生讲解，负笈而来者相踵，诸蕃子弟皆愿入学。"[①]这是一条具有画面感的史料，描写了穆斯林蕃客子弟在上学时的踊跃场景。"诸生讲解"显然指的是儒生，讲解的自然都是儒家文化，学生上学的状态则是"负笈而来者相踵，诸蕃子弟皆愿入学"。翻译为白话文大概是：背着书包来上学的蕃客子弟脚挨着脚，大家都愿意来学习。由此可见来上学的人是非常多的，这更能说明当时的穆斯林具有开放与包容的心态，值得当今世界反思。

从前述外来穆斯林先贤兼收并蓄，到宋代"蕃学"的设立，整个过程看似平平无奇，实则意义重大。伊斯兰教的传播，一般意义上来说，往往伴随着政治和武力的扩张，总是试图保持一种"原汁原味"，实际上这不可能实现，后面的章节会专门论述这一问题，也就是宗教本土化的必然性问题。而伊斯兰教传入中国则不同，它是一种剥离了政治和武力，以穆斯林先贤与大量的穆斯林贡使和商人等人群为载体的较为纯粹的伊斯兰教，具备了健康文化所具有的开放与包容。于是，伊斯兰教在中国走上了一条独特的道路，那就是主动同自己所处环境的整体文化氛围进行协调，主动融合与适应中国文化，开始试图寻求用中国文化讲述伊斯兰教内核。如果没有元代那样的政治关系和民族关系的大变动，伊斯兰教如果沿着唐宋的发展道路继续走下去，中国的伊斯兰教可能会呈现另一番面貌。伊斯兰教此时已经走上了类似佛教中国化初期的道路。元代暂时中断了伊斯兰教中国化的发展节奏，为中国伊斯兰教注入了新的元素和特点，之后进入明清时期"以儒诠经"学术运动的过渡期。接下来的一章将主要论述元代伊斯兰教中国化的发展。

① 马娟：《唐宋时期穆斯林蕃坊考》，《回族研究》1998年第3期。

第二章

元代伊斯兰教中国化以老基调唱响新特点

唐宋时期伊斯兰教的传播主要是以政治交往和商业交往为主要方式，以外来穆斯林先贤为载体的文化交流与交融。这些更多的属于个人行为，并不是一种大规模的主动性传教行为。唐宋时期外来穆斯林先贤多分布于都城与东南沿海港口城市，呈点状分布，并没有形成中国的穆斯林社会。伊斯兰教在唐宋时期影响并不大，现有史料显示并没有专职的伊斯兰教的宗教教职人员，很少有向外宣传教义的行为，因此当时的伊斯兰教总体上被大家认为是外来住唐蕃客的一种民族习俗。元代则打破了唐宋时期的发展秩序，中国内地伊斯兰教同阿拉伯和中亚地区伊斯兰教直接发生关系并且连成一片，职业的伊斯兰教宗教教职人员也在此时出现。伊斯兰教的宗教性在元代凸显出来，和其他宗教形式一样为人们所认知和关注。

第一节　外来穆斯林群体全面融入中华民族共同体

元初随着蒙古铁骑的大规模西征与南下，发生了中国历史上乃至世界历史上空前的民族大迁徙与大融合，信仰伊斯兰教的“回回”人也因此而来到中国各地并定居下来，繁衍生息。“回回”是元代对中亚和西亚信奉伊斯兰教诸国各族人的泛称。[1] 名为“回回”的穆斯林少数民族社会群

① 马建春:《元代东迁西域人屯田述论》,《西域研究》2001 年第 4 期。

体经由唐宋的开端和酝酿，在元朝得以初步形成，这也间接使得伊斯兰教在中国的传播获得了广泛的信众基础。

元朝，伊斯兰教徒开始遍及中国各地，对于这种新的历史现象，《明史·西域传》专门记录，称之为“元时回回遍天下”[①]，由此可见这种历史现象是中国历史一种规模性改变的新特点。1258年，蒙古铁骑西征灭掉了阿拔斯王朝[②]，在西征胜利之后回兵中国，主力挥师东进、南下，几路合围才灭掉南宋。在我们的刻板印象中往往认为南宋是积贫积弱的典型形象，实则不然，蒙古军队在最后一刻需要几路合围才能打败南宋，足见其国力。发达的商业支撑了南宋的发展，外来穆斯林商人功不可没。在同南宋的作战中，蒙古贵族不断地从中亚一带调来军队。在东来的蒙古军队中，有大批信奉伊斯兰教的中亚与西亚人。

此外，还有工匠特别是军事工匠随军而来，打仗时出现的投石机，便是这些军事工匠的发明。除了大批的商人，还有专门的宗教职业者以及穆斯林上层人物。这些人当时被统称为“回回”，归于“色目人”一类。关于“回回”名称的来源，除了专家学者的相关考证，还有一个浪漫的传说，就是这些外来穆斯林在中国安家后，时常思念故乡，希望能回到家乡，时间久了，便将他们称为“回回”，当然这只是一个浪漫的传说。

蒙古军制，大汗的护卫禁军称为“怯薛”。此外还有“西域亲军”，其中大部分人是穆斯林，“探马赤军”中也有部分穆斯林。[③]他们主要是蒙古军队在西征过程中对当地的穆斯林进行征兵而来，穆斯林士兵是“西域亲军”和“探马赤军”的重要组成部分。这些穆斯林随着蒙古军队对全中国的征战而散布于全国各地，西北、西南、中原、江南尤多。所以史料有所谓的“元时回回遍天下”之说。战争硝烟熄灭后，他们也随之退役且正值壮年，便成为普通农民，集中居住，进行农垦。这就是所谓“民屯”。

① 余振贵:《中国历代政权与伊斯兰教》，宁夏人民出版社1996年版，第98页。

② 阿拉伯帝国的第二个世袭王朝，古代中国史籍中称之为黑衣大食。于750年取代倭马亚王朝，定都巴格达，后于1258年被蒙古旭烈兀西征所灭。

③ 秦惠彬:《中国伊斯兰教与传统文化》，中国社会科学出版社1995年版，第25页。

还有“军屯”，就是军队一边戍守，一边垦殖。他们和当地人通婚，成为今天回族的源流之一。此外，随之而来的穆斯林工匠也多以军事编制进行手工业生产。这是造成日后回族“大分散，小集中”局面的历史根源。如果说唐宋时期中国穆斯林在分布上还只是一个一个孤立的点，那么在元朝，中国穆斯林在分布上不仅连成了线，而且铺成了面。在云南省，元时穆斯林业已“盈千累万”。据《至顺镇江志》卷三“户口类”记载，镇江侨寓户共有 3 845 户，其中蒙古人 29 户，畏兀儿 14 户，回回 59 户，也里可温教徒 23 户，河西人 3 户，女真人 25 户，汉人 3 671 户。①在非汉人中外来穆斯林占第一位，高于蒙古族。

唐宋时期，中国穆斯林大都居住在城市，经济活动主要限于海内外商业贸易方面。到了元朝则发生了历史性的转变。穆斯林不但在城市居住，而且也居住在农村，并以后者为主。他们不但从事商业贸易，还从事农业生产和成为手工工匠，并以后者为主。这为回族的形成奠定了经济基础。中国穆斯林除为官者，无论在农村还是在城市都以聚居为主。这种聚居方式对于伊斯兰教的巩固和发展是有利的，同时也促进了穆斯林社会的形成。

元代中国伊斯兰教的发展开始出现新特点，出现了伊斯兰教宗教职业者阶层，也就是说，伊斯兰教此时在中国彻底落地。他们或者被称为“答失蛮”②，或者被称为“哈的”③，或者被称为“回回大师”④。此外还有被称为“迭里威失”⑤的苏菲派⑥托钵僧，他们是避世修行的神秘主义者。此

① 余振贵：《中国历代政权与伊斯兰教》，宁夏人民出版社 1996 年版，第 79 页。

② 元代伊斯兰教士称号，主持诵经、祈祷及教育等宗教事务。

③ 元代前期，朝廷设置回回哈的司，专管伊斯兰教事务。在伊斯兰教徒聚居地区设哈的，由哈的司委派或任命，由精通教义和教律、品德端正、德高望重、执法严明者担任。

④ 元代对伊斯兰教掌教长老的尊称。亦称大师，相当于后来清真寺的教长或开学阿訇。

⑤ 伊斯兰教苏菲派教职称谓。波斯语音译，意为“穷人”“沿门乞讨者”，西方学者译为“托钵僧”。其修道方式多为禁欲苦修，通过外出行乞、甘守贫困等达到信仰专一、接近真主的目的。

⑥ 伊斯兰教神秘主义派别，是对伊斯兰教信仰赋予隐秘奥义，奉行苦行禁欲功修方式的诸多组织的统称，亦称苏菲主义。

时苏菲派传入中国，与中国的道教、地主制度等情况相结合，形成了西北中国伊斯兰教门宦制度，这是伊斯兰教中国化过程中的特有形态。元代穆斯林一般信徒被称为“木速鲁蛮”[①]，总体分为三类，一是普通信徒，信教者；二是宗教职业者，办教者；三是带有半出世性质的神秘修行者，也即苏菲派行者。这是中国伊斯兰教历史上出现的一个非常重要的新现象。这些人几乎全是随着蒙古军队东来中国的。他们在其原来的居所即阿拉伯世界或者中亚地区，本来就具有这样的宗教身份，[②]并非由中国本土自然产生。

元代总体上来说是民族大融合，文化多元和谐共生交融的时期。元中叶时，来中国游历的意大利传教士鄂多利克就被杭州当地的汉族、蒙古族、穆斯林、佛教徒、景教徒等多民族、多宗教人士和谐生活的场景所震动，他在其游记中颇为感慨地说：“那样多的互不相同的种族能够和平地居住在一起，受同一个政权的管理，我觉得这实在是世界上最大的奇迹之一。”[③]这种多元文化和谐共生的局面，为何在外国传教士眼里如同世界奇迹一般？这是基于中华优秀传统文化体系本身和谐、开放、包容的特质，使得各种外来宗教文化都能剥离政治外壳，共存共荣，共同在中华大地上健康发展。元统元年（1333）开科取士，所取百名进士中，就有蒙古、回回、畏兀儿等人士 50 名，[④]也体现了上述特点。元代伊斯兰教在各个方面继续保持自己独立性的同时不断靠拢中国文化。

第二节　伊斯兰教的发展继续以中华文化为引领

元代穆斯林群体属于“色目人”，按说分布在全国各地的大批外来的

① “穆斯林”的波斯语音变。

② 秦惠彬：《中国伊斯兰教与传统文化》，中国社会科学出版社 1995 年版，第 36 页。

③ 勒尼 · 格鲁赛：《草原帝国》，青海人民出版社 1991 年版，第 348 页。

④ 《元统元年进士录》，浙江古籍出版社 1992 年版。

所谓“纯正”的穆斯林群体更应该维护自己的源头文化，走向所谓的“保守”。但我们从史料中不难看出，即使在元代，元政府对于穆斯林的管理和教育，其秉承的宗旨仍然是向中国文化靠拢的思路。元政府继续以中华文化的方式管理伊斯兰教，穆斯林则继续靠拢中华文化，伊斯兰教中国化在元代以新的面貌继续进行。

元朝中前期，政府设立了管理伊斯兰教事务的专门机构“回回掌教哈的所”[①]，机构由若干“哈的”组成。元仁宗时期进一步限制了此机构的权力，把这个机构裁撤并入其他机构。后又复置，元文宗时彻底裁撤。元仁宗时期对“哈的”的职责明确规定了范围：“特奉圣旨，哈的、大师只管他每（们）掌教念经，回回人应有刑名，户婚、钱粮、词讼大小公事，哈的每（们）休问者，交有司官依体例问者。”[②]说得很明白，伊斯兰教宗教人士的职责就是只负责宗教内的事务，给宗教人士正名，使其相符。涉及法律以及生活中宗教以外其他方面的问题，一律由国家有关部门管理。元朝政府是以政教分离的原则处理伊斯兰教以及穆斯林的事务，不是教管政，而是政管教。[③]可见我国政教分离的制度自古有之。“政主教从”[④]是中华优秀传统文化在政教关系上的体现，是优秀文明的继承。

伊斯兰教注重祈祷，在政教合一的背景下强调“认主独一”[⑤]的教义，但是来到中国后伊斯兰教剥离了政治因素而显现出其宗教文化的属性，于是和其源头文化产生了某种看似的矛盾。剥离政治与不剥离政治，其宗教的表现形式肯定是不一样的。《元史》中记载了元朝对伊斯兰教功能有着

① 元代管理伊斯兰教事务的机关。最初称“回回哈的司属”，主管为国祈福和穆斯林之间的诉讼。

② 《元典章》卷 35。

③ 秦惠彬：《中国伊斯兰教与传统文化》，中国社会科学出版社 1995 年版，第 72 页。

④ 在中国，各种宗教不可能获得国教地位，但能够发挥以教辅政的作用。“政教”指政治与教化，人们看重的是宗教的道德教化功能。在此背景下，多元文化反而能够和谐共生。

⑤ 伊斯兰教是一神论，“认主独一”是伊斯兰教的核心思想，强调真主的独一，即确认宇宙万物内外作为造物主的真主安拉只有一个，并且独享人与万物的崇拜。

特殊但符合中国文化方式的限定："敕回回哈的如旧祈福，凡词讼悉归有司。"[①]也就是说，伊斯兰教宗教人士在祈祷的时候要为皇帝祈祷祝福，"如旧"二字说明一直以来这是中国伊斯兰教的特点。当时穆斯林做礼拜时已经开始为皇帝祈福，叫作"祝延圣寿"[②]。这种方式既保留了伊斯兰教产生源头的政教合一所带来的一部分功能，与此同时又摆脱了政治的禁锢而作为一种宗教文化自由发展，这是伊斯兰教中国化的一个重要特点，既保留为国家服务的功能，但在其自身发展上又摆脱了政治的禁锢与扭曲，符合宗教文化健康发展的规律。

在这种背景下，中国伊斯兰教宗教人士的身份既是政府官员，又是伊斯兰教领袖，这两种社会身份也从源文化的政教合一转变为职能分开。中国伊斯兰教为世界伊斯兰教做出的最大的理论创建之一就是由"认主独一"走向了"二元忠诚"。[③]元代对伊斯兰教的管理实践，为理论的发展成功打下了基础。元代伊斯兰教除了在制度管理上依旧继承和靠拢中国文化，在穆斯林的教育上也同样如此，他们在教育制度与内容上靠拢中国文化，并且元代穆斯林主动学习中国文化，学成后走向科举之路。

元代的"回回国子学"[④]，是国家最高学府之一，隶属于国子监。元世祖忽必烈至元二十六年（1289）始置，元仁宗延祐元年（1314）另置"回回国子监"。招生的对象却是面向中华民族全体成员，凡蒙古、色目、汉人官员子弟皆可入学读书，学习内容主要是中国传统文化，为"四书"、"五经"、诗赋、表章、诏诰等，[⑤]并不会特别设置宗教课程，此外还有语言课程，如波斯语、阿拉伯语等语言。学校的管理方法与教学方法的相关

① 《元史》卷 24。

② 元、明、清穆斯林所谓"祝延圣寿"，指在清真寺祈祷时为皇帝祈福。

③ 中国伊斯兰教的理论创建，在宗教功修中体悟真主，在世俗生活中忠于皇权。

④ 元朝掌管教习亦思替非文字的学校。至元二十六年（1289）始置于大都（今北京），收官吏、富人子弟入学受教。延祐元年（1314）更名"回回国子监"，设监官，授学士之职，教亦思替非文字。生员学成后，多充任各官府译史。

⑤ 秦惠彬：《中国伊斯兰教与传统文化》，中国社会科学出版社 1995 年版，第 80 页。

制度设置则依旧靠拢中国传统方式，史料记载所谓“皆依汉人入学之制，日肄习之”[①]，也就是说整个学校的制度全部承袭中国传统，由此也可以看出当时中国文化对四周的辐射作用，具有一种很强的向心力。回回国子学在元代第六任皇帝泰定帝统治时期学员大增，即所谓“以近岁公卿大夫子弟与夫凡民之子入学者众”[②]，可以看出人们入学的积极性。回回国子学的毕业生大都做了中央各衙门的翻译官，“凡百司庶府所设译史，皆从本学取以充焉”[③]。

这些学生毕业以后会参加科举考试，科举考试依旧是依循中国传统，考试的内容并无宗教内容，不管是蒙古人，还是色目人，考试内容一律是中国传统文化。元延祐二年（1315），元仁宗批准同意了集贤学士赵孟頫和礼部尚书元明善的建议，国子学贡试之法更为“升斋”，按其学习步骤分为“六斋”。所谓“六斋”，就是六个循序渐进的学习阶段，类似现在小学、初中、高中等不同阶段。下两斋为“游艺”“依仁”，“凡诵书讲说，小学属对者隶焉”[④]，也就是所谓学前基础，属于中国文化的“小学”。中两斋为“据德”“志道”，“讲说《四书》、课肄诗律者隶焉”[⑤]，这就是更进一步学习“四书”的内容。上两斋为“时习”“日新”，“讲说《易》《书》《诗》《春秋》科，习明经义等程文者隶焉”[⑥]，此则更加深入到“五经”。按季考试，考试及格以后便可以升到更高的年级。

与前代不同的是，元代在考试方面还是照顾到了不同民族之间对汉语的掌握程度不同，因此各民族之间参与科举考试的门槛也不一样。汉人学生只有念完最高的“日新”或“时习”斋课程才能参加考试，而蒙古学生和色目学生只需念到“志道”“据德”课程即可参加科举考试。不过，

① 《元史》卷81《选举志》。
② 同上。
③ 同上。
④ 同上。
⑤ 同上。
⑥ 同上。

就算如此，穆斯林学生们也已经学到了“四书”水平，中国文化掌握程度着实不浅。这种规矩叫“私试”，私试历时数月，汉人学生先后试经疑一道，经义一道，策问、表章、诏诰科一道；蒙古人学生和色目人学生先后试明经一道、策问一道。[①]学校对蒙古人学生、色目人学生和汉人学生的教学内容完全一致，没有宗教与民族的差别，只是最后考试的要求程度不同。这即是《元史》所记载的“试蒙古生之法宜从宽，色目生宜稍加密，汉人生则全科场之制”[②]。其实也是依照现实中对于汉语和中国文化掌握程度的不同而划定。在元朝，一些穆斯林特别是上层知识分子，既是官僚又是儒士。他们精于辞章，精于理学，这同元代的教育制度有着很大关系。

当时的中国社会，科举考试几乎是实现跨阶层人才流动的唯一门径，这对莘莘学子来说存在着巨大的吸引力，修身、齐家、治国、平天下，成为中国举子实现自我价值的途径，一旦登科则名利双收，光耀门楣。而科举考试的主要内容就是儒学，就是中国传统文化。窝阔台、忽必烈时期都拟以科举取士，但未能实行。元朝首次开科是在元仁宗延祐元年（1314）。蒙古人、色目人考两场，第一场考经问五道，出自《大学》《论语》《孟子》《中庸》，用朱熹章句集注；第二场考策问一道，以时务出题。汉人、南人考三场，第一场考明经经疑二题，出自《大学》《论语》《孟子》《中庸》，用朱熹章句集注；第二场考诗赋、诏诰、章表；第三场考策问一道，由经、史、时务内出题。如果蒙古人、色目人愿意参加汉人、南人科目考试，入选者加一等注授官职。蒙古人、色目人为一榜，汉人、南人为一榜，分榜录取。延祐元年（1314），在十一行省，即河南、陕西、辽阳、四川、甘肃、云南、岭北、征东、江浙、江西、湖广，二宣慰司，即河东、山东，四直隶省路，即大都、上都、真定、东平，荐举300人，参加会试。在入选参加会试的300人中，色目人占四分之一。会试后录取100人，规定色目人录取25人，亦占四分之一。因为色目人总数在全

① 秦惠彬：《中国伊斯兰教与传统文化》，中国社会科学出版社1995年版，第81页。

② 《元史》卷81《选举志》。

国人口比例中大大低于四分之一，所以这一措施是有利于色目人的。[①]它也有利于色目人在各个方面向中国文化靠拢，有利于伊斯兰教中国化的形成，更有利于中华民族共同体的形成。

第三节　穆斯林儒学家不断涌现

元代是中国历史上民族大迁徙与大融合的时期，有大批拥有更加广泛身份的穆斯林遍及全国各地，而且也拥有了专门的伊斯兰教教职人员。从官方文化来说，也不像唐宋那样纯粹地以儒家思想为核心的中国传统文化为主导。按理说，此时的外来穆斯林有着更加多元的文化选择，但历史表明，他们依然主动靠拢儒家文化，元代出了不少有名的穆斯林儒学家，这和唐宋时期的情况略有不同。唐宋时期的外来伊斯兰教先贤虽然主动学习中国文化，主动靠拢中国文化，但很少有所谓的“穆斯林儒学家”，元代，穆斯林儒学家开始出现。前面说过，历史的鲜活是通过一个个鲜活的生命来体现的，因此下面依旧讲述元代著名的穆斯林儒学家的生平故事，他们在不同时期、不同领域共同表达着对中国文化的认同。以此也可以看出伊斯兰教中国化所进入的不同阶段。

首先要说的就是元代著名的穆斯林政治家、儒学家，云南设立行省以来第一任所谓“省长”，鼎鼎大名的赛典赤·赡思丁[②]（1211—1279）。史料记载，在他去云南之前，“云南俗无礼仪，男女往往自相配偶。亲死则火之，不为丧祭。无秔稻桑麻。子弟不知读书。赛典赤教之拜跪之节，婚姻行媒，死者为之棺椁奠祭。教民播种，为陂池以备水旱。创建孔子庙明伦堂，购经史，授学田。由是文风稍兴”[③]。也就是说，云南当时整体还

① 延祐时的科举考试内容与考生数据引自秦惠彬:《中国伊斯兰教与传统文化》，中国社会科学出版社 1995 年版，第 90—91 页。

② 元初优秀的穆斯林政治家，其一生的政治活动，对元初社会生产的发展起过一定作用。尤其是在担任云南平章政事的六年间，对云南的社会、经济和文化建设做出了重大贡献。

③ 《元史》卷 125。

处于较为原始的状态。在婚姻问题上，男女之间自由搭配，并没有特定的礼仪；亲人去世了就直接火化，也没有相应的丧葬祭奠之礼；孩子们也不知道读书知礼，整体缺乏礼仪教化。而赛典赤·赡思丁作为一位穆斯林政治家，当他到了云南之后，并没有大力推行伊斯兰教。当时的云南，推行伊斯兰教应该会更加顺畅，但他并没有这么做，作为一位外来穆斯林政治家，他在云南主要推行的是儒家的思想文化。赛典赤·赡思丁到了云南之后，首先向人们教授儒家礼仪文化，教化跪拜礼节，婚丧嫁娶之礼，且拨专款办学校购教材，大兴农业水利建设，等等。经过一番治理，云南渐渐变得上下有序。值得一提的是，身为穆斯林的他，修建了云南有史以来的第一座文庙，也就是孔庙。他拜祀孔子，并且兴办学校教书育人，历史上“云南府儒学”和“昆明县儒学”都设在此文庙内。① 他的三儿子忽辛更是继承其父遗志继续发展儒学，在各地建设并推行庙学，并遴选饱学之士当老师，由此文风大兴。忽辛去世后更是得到了一个极富中华文化特色的谥号“忠简”②。由此可见，赡思丁父子作为穆斯林政治家、思想家，其对云南儒学的发展做出了独特而深远的贡献。

第二位介绍的是河南伊川驻鸣皋镇的炮手总管，他就是勖实戴。③ 尽管学者们对他是蒙古人还是色目人有不同的看法（按照陈垣先生观点，其在《元西域人华化考》“回回世家之儒学”一节中，提到的最后一个回回世家中因儒学而华化的人物即勖实戴，并认其为“回回炮手军总管”④），但他的故事颇具代表性，代表着对中国文化的认同，代表着中国文化圆融、包容的向心力。勖实戴的经历很传奇，他非常喜欢儒家文化，喜欢

① 韩星:《伊斯兰教与儒家文化的会通》,《宗教与哲学》2017 年。

② 《元史》卷 125。

③ 元朝将领、诗人。至元（1264—1294）中，袭职。从丞相伯颜攻宋，历拜武义将军、武德将军、本军总管。战中，不争掠金帛妇女，独取图书数百卷，允被俘儒士赎归。晚年好性理之学，改名士希，字及之。建伊川书院以教士，与名士陈天祥、姚燧等人交厚。存诗 500 余篇，曰《伊东拙稿》。

④ 巴晓峰:《勖实戴身份考》,《回族研究》2019 年第 1 期。

读二程[1]《遗书》，并颇有所得。一位当时外来民族的炮手总管，在读儒家书籍的时候体悟到中国文化的精髓，让人佩服，他也因此改名为克烈士希。[2]史料记载，宋神宗元丰五年（1082），太尉文彦博在洛阳鸣皋镇专门为程颐修建了“伊皋书院”（元朝改名为“伊川书院”），程颐在此讲学近20年。靖康元年（1126）金兵南下，书院被毁。勖实戴心慕程氏理学，慨叹书院废弛，于元成宗大德九年（1305），捐俸重建书院，历时十年。《敕赐伊川书院碑》里记载：“伊川鸣皋镇炮手军总管勖实戴，读《易传》，读《遗书》，坚苦刻砺而有得焉。乃更名曰：士希。尝语：人之生也，天与之至善之性。苟不为物欲所蔽，操存涵养，真积力久，去圣贤之域，夫何远哉！吾儒读书学道，必以成己成物为第一义，每欲礼聘师儒，合里之俊秀教养之，使知圣贤义理之学，以少负方今开设学校、作新士类之美意。”[3]他一语道出了程朱理学的精华，难以想象这是一位外来穆斯林，而且还是位军人，可见其研读之精深。他建成了包括大成殿、讲书殿、九贤祠、藏书楼等在内的院舍百余间，聘请名儒，招徒授课。勖实戴去世后，他的儿子慕颜铁木继承父亲遗志，复建稽古阁，收藏有万卷典籍。慕颜铁木在书院焕然一新后，于元延祐三年（1316），上奏朝廷，元仁宗敕赐“伊川书院”，由翰林院直学士薛友谅撰文，集贤学士赵孟頫为书院题记，遂使伊川书院再度中兴，成为元代中原地区三大知名书院。[4]儒学的继承，伊川书院的复兴，都是依赖这对精通且热爱儒学的穆斯林父子。

元代的大文学家萨都剌，字天锡，其先人为答失蛮，可以看出他的先人是一位伊斯兰教宗教人士。萨都剌自称“名在儒籍”[5]，深受儒家思想

---

① 指程颢和程颐，北宋儒学家，河南洛阳人，他们的学说也被称为“洛学”。二人思想对后世有较大影响，南宋朱熹正是继承和发展了他们的学说。他们的理学思想主要见于《遗书》《文集》和《经说》等，均收入《二程集》中。

② 韩星：《伊斯兰教与儒家文化的会通》，《宗教与哲学》2017年第1期。

③ 田文镜等纂修：《河南通志 · 学校 · 书院》，光绪二十八年刻本。

④ 韩星：《伊斯兰教与儒家文化的会通》，《宗教与哲学》2017年第1期。

⑤ 龚世俊：《试论萨都剌的边塞诗歌》，《宁夏大学学报（人文社会科学版）》2000年第3期。

影响。他不仅是一位文学家，还擅绘画，精书法，尤擅楷书，人称“雁门才子”，有《雁门集》传世。他的文学创作，以诗歌为主，诗词内容以游山玩水、归隐赋闲、慕仙礼佛、酬酢应答之类为主，富有生活气息，描写细腻，贴切入微。也有作品反映民间疾苦，揭露社会黑暗，如《大同驿》《黄河月夜》《鬻女谣》《织女图》等作品。还有些诗反映了人民向往和平，反对统治者穷兵黩武的思想，如《过居庸关》《题画马图》等诗作。诗风清丽俊逸，文辞雄健。萨都剌写词不多，但颇有影响，《念奴娇·登石头城次东坡韵》《满江红·金陵怀古》为代表作。尤其前一首词，很为毛泽东所喜爱：“石头城上，望天低吴楚，眼空无物。指点六朝形胜地，惟有青山如壁。蔽日旌旗，连云樯橹，白骨纷如雪。一江南北，消磨多少豪杰。寂寞避暑离宫，东风辇路，芳草年年发。落日无人松径里，鬼火高低明灭。歌舞尊前，繁华镜里，暗换青青发。伤心千古，秦淮一片明月。”词的整体体现了历史的无常与悲壮，前半段描写英雄气短，站在南京城头，想象历史经年，多少英雄豪杰你方唱罢我登场。下半段则比喻美人迟暮，多少美人在如梦如幻中青丝变白发。不变的只是那一片明月，照耀并见证着古今。可见萨都剌的中国文学水平，即使土生土长的中国人恐怕也难以比肩。

赡思是元代著名穆斯林儒学家，相较于前述几位，他可以说是一位更为纯粹的大学问家。赡思（1277—1351），字得之，阿拉伯人。其先人是随着蒙古军队西征后东迁而来，后来在中国扎下根。他父亲那时就显示出了亲近儒学的倾向，不注重名利，拜了儒生为师，精研儒学。赡思也是天纵英才，在父亲的影响下，他从小就对儒学颇有研究，九岁时已经能“日记古经传至千言”[①]，可见是一位天才少年。二十岁的时候，他拜了当时的名儒王思廉为师，这位师父可是当时忽必烈接见过并且颇为看重的儒学家。拜师之后他的学问更加精进广博，非常扎实，年纪轻轻便小有名气。和他的父亲一样，赡思淡泊名利，不追求世间的物质享乐，而是追求

① 《元史》卷190。

精神上的快乐，在家境贫寒甚至饮食难以为继的时候，仍然以做儒家学问为乐，并丝毫不感到窘迫。这一点倒是很像孔子最喜欢的弟子颜回，“一箪食，一瓢饮，在陋巷，人不堪其忧，回也不改其乐”[①]。面对简陋的物质生活，赡思因做学问而乐在其中。他对经学颇有研究，尤精《易》学。周易之学的晦涩，可以说是儒家学问的难点，现如今，愿意研究周易文化并且精通的人寥寥无几，而元代的一位外来穆斯林后代能够成为易学家，足以成为我们学习的榜样。此外，他还精通佛学、天文、地理、音乐、算数、水利及外国学问等。赡思一生著述颇丰，主要有《四书阙疑》《五经思问》《奇偶阴阳消息图》《老庄精诣》及文集三十卷。可以说是一位钟情并且深研中国文化的穆斯林儒学家，足以成为后世穆斯林的典范。

最后讲述的是元末的文学家和养生家丁鹤年，他生活在元末明初，那时社会动荡不安，因此其一生也比较坎坷。丁鹤年从小习儒书，就读于南湖书院，17 岁即精通《诗》《书》。曾师事豫章名儒周怀孝，在诸弟子中，周老师唯独器重丁鹤年，还想将自己的爱女许他为妻，却遭到丁鹤年的婉拒，他以母亲年事已高，诸兄皆在外地为官，老母无人侍奉为由，辞掉了这门亲事。从他对待父母的丧葬仪式中可以看出他已经深受儒家文化的影响，他对父亲“厚葬重服”[②]，也就是披麻戴孝。在迁徙母亲的墓时将母亲以棺椁下葬，并且“陈酒肉以祭”[③]，这显然都是儒家的礼仪。丁鹤年读书是不求名利的，他钻研中国文化更多的是为了寻求人生的意义与真谛。他父亲在世时，就想让他袭荫叔父桓州（今吉林集安）的官职，[④]年幼的丁鹤年却说：“吾宗固贵显，然以文学知名于世者恒少，吾欲奋身为儒生，岂碌碌袭先荫，苟取禄位而已耶？”[⑤]年幼便有如此的豪情壮志，愿为儒生，以学问闻名于世，不过他也确实做到了。元末动乱，人们对色目人存在偏

① 《论语 · 雍也篇》。

② 马在渊：《从丁鹤年诗看回族人华化》，《丝绸之路》2010 年第 14 期。

③ 同上。

④ 徐建成：《回回诗人丁鹤年与保国寺》，《宁波经济（三江论坛）》2009 年第 5 期。

⑤ ［元］戴良：《九灵山房集》卷 19《高士传》。

见，于是丁鹤年在宁波四明地区长期避难，居住在保国寺内，结交了很多佛教僧人，并得到了僧人们的帮助。他与寺中僧人椿上人交往深厚，那首著名的《慈溪度夏报国寺寄甬东椿上人》表达了对好友椿上人的感谢之情："一径野云深，僧关閟绿阴。雨腥龙出涧，风劲虎过林。澹泊资禅味，清凉养道心。三生如不昧，石上一来寻。"在寄居保国寺期间，丁鹤年也开始了人生中一段佛教的学习与实修。对于一位穆斯林来说，他一生吸收与学习各种文化，可谓传奇。

明朝建立之后，尤其是永乐帝朱棣登基后，对色目人采取了安抚、融合政策，京城也成了色目人的聚居之地，于是丁鹤年决定赴京行医。丁鹤年进京，是有备而来的。一百多年前，其祖父便以"善药食（药膳）、长乐饮（保健药汤）"[①]而闻名大都，他也尽得家学真传。另外，在流落江湖期间，他不仅靠卖药自给，还处处留心，收集了许多民间验方、单方，了解了许多民间特效中草药。他在一路行医治病的同时，也走遍名山大川，拜访名人圣士，谈诗论道，切磋易理，探讨养生之法，他在《奉寄九灵先生四首 · 其四》中写道："清泉白石两翛然，仙隐何妨日似年。颇厌文章妨大道，却从奇耦玩先天。云间犬砥烧丹鼎，雨里龙耕种玉田。终岁不闻城府事，闭门闲著养生篇。"[②]颇有道骨仙风的味道。他于战乱中行医，因此接诊的患者多为战乱中所得的外伤、瘟疫流行中传染所得的瘟病和因长期饥寒交迫所得的虚衰之症，使他的实践经验更加丰富，从祖传的验方中发展而来的刀伤药、愈骨散、辟瘟汤等药物的治疗和预防效果更加显著，种类也更丰富。这些都为日后开门立室打下了良好的基础。永乐三年（1405），丁鹤年在北京菜市口创立了与后世"同仁堂"齐名的"鹤年堂"。那时，丁鹤年已是年逾古稀的老者，后来他为父母守孝至去世，也留下了"丁孝子"的美名。作为穆斯林家庭出身的丁鹤年，能在中国历史上作为中国文化的代表留下浓墨重彩的一笔，值得赞叹。

① 《鹤年堂 始于明（1405 年）》，《时代经贸》2015 年第 23 期。

② 同上。

第四节　出身西域的儒学家与政治家

前已有述，元朝建立的时候随军来了很多“西域”人士，“西域”这个词有广义与狭义之分，广义指的是中国西边的一切地方，包括了波斯、阿拉伯等地的伊斯兰文化区，狭义指的则是现今的中国新疆地区。我们所说的西域指的是新疆地区。新疆的全面伊斯兰化是在16世纪左右，因此随军而来的西域人士不一定都是穆斯林。之所以单列出一节西域籍的儒学家与政治家，旨在说明中华文化的辐射力与向心力，一旦进入到这个辐射圈内，无不被中华文化浸润与影响，成为中华文化共同体中的一员。陈垣先生认为西域人的“华化”在文化上的表现是多方面的，其中最重要的方面是精研儒学，因为“儒学为中国唯一产物，言华化者应首言儒学。元初不重儒术，故南宋人有九儒十丐之谣。然其后能知尊孔子、用儒生，足以文治太平，西域诸儒实与有力”。[①] 可见新疆籍西域儒学家、政治家对国家的贡献。

首先要介绍的是祖籍西域高昌（今新疆吐鲁番），元初著名的政治家、儒学家廉希宪。廉希宪自幼身材魁伟，举止与一般儿童不同。19岁时入侍忽必烈王府，因其“笃好经史，手不释卷”[②] 的勤学精神，深得忽必烈赏识。有一天正读《孟子》，忽闻忽必烈召见，匆忙将书揣入怀中。忽必烈问《孟子》书中所言何事，廉希宪陈说性善、义利、仁暴等。忽必烈嘉奖其学问，称他为“廉孟子”，于是闻名于世。在他为父母守孝的时候，均按照儒家文化的丧葬礼仪，在墓旁结庐守墓，悲痛不已。即使奉旨结束丁忧回朝廷做事，他工作的时候也穿着白色的服装，回到家则穿上整套丧服，可见其受儒家礼仪文化影响之深。廉希宪在学问上也坚定地选择儒学，并且能触类旁通。元朝出于政治的考虑，比较尊崇佛教。当时，忽

① 陈垣：《元西域人华化考》，上海古籍出版社2000年版，第8页。

② 《元史》卷126。

必烈让廉希宪受戒，皈依佛教，按说廉希宪的源文化区高昌当时是以佛教文化为主，更容易皈依，但是他的回答让人敬佩："臣受孔子戒矣。"皇帝很惊讶地问："孔子亦有戒耶？"廉希宪对答道："为臣当忠，为子当孝，孔子之戒，如是而已。"[①]忠孝就是孔子的戒律，对答可谓精辟。至元十六年（1279）春，廉希宪虽然依旧担任要职，但病情日益加重，太子真金前来探望，并问询为政之道，廉希宪嘱咐道："君天下在用人，用君子则治，用小人则乱。臣病虽剧，委之于天。所甚忧者，大奸专政，群小阿附，误国害民，病之大者。殿下宜开圣意，急为屏除，不然，日就沉痾，不可药矣。"[②]这段话也不由得让人想起诸葛亮在《出师表》中的"亲贤臣，远小人"。至元十七年（1280）十一月十九日（12 月 12 日）夜，元代名儒廉希宪在知天命之年病逝。由以上史实来看，廉希宪俨然是一位纯儒，自幼熟读孔孟之书，及长师事当世大儒许衡、姚枢等人，具有民本思想，重视教育，事亲至孝，为臣尽忠，且深谙儒家治道，堪为楷模。

此外还有名臣不忽木父子，都是推行儒学，强调以儒学治国的典范。不忽木 16 岁便以《贞观政要》中的道理劝谏忽必烈，深得忽必烈喜爱，后拜名儒为师，学问更加精进。之后他时常以儒学之道劝谏皇帝，辅佐治国理政。不忽木把握了儒家修身、齐家、治国、平天下的内圣外王之道，主张"建国君民，教学为先"[③]，把以儒学为核心的教育放在治国理政的优先地位。不忽木之子巎巎，同样精通儒学，常常以儒学治国理政之道进言皇帝，经常说服皇帝采纳进言。巎巎为官后颇为爱才，尤其酷爱儒学之才，以至于有人不理解而询问他为何这么酷爱儒士，他以儒家治国理政之道答复："儒者之道，从之则君仁、臣忠、父慈、子孝，人伦咸得，国家咸治；违之则人伦咸失，家国咸乱。汝欲乱而家，吾弗能御，汝慎勿以斯言乱我国也。儒者或身若不胜衣，言若不出口，然腹

① 《元史》卷 126。

② 同上。

③ 《元史》卷 130。

中贮储有过人者，何可易视也。”[①] 阐述了儒学之道整顿纲常，保国安民的作用，也阐述了儒士的重要性。巎巎一生不求名利，只求学问，只为国家。他 51 岁得病去世，家里贫穷到办不起丧事，皇帝闻之震惊，赐银助其丧事，谥号“文忠”。

元代虽然打乱了唐宋时期伊斯兰教中国化的节奏，但元代伊斯兰教中国化的发展也有其独到之处，那就是伊斯兰教与儒学之间有了更深层次的交融，有了学理上的交融，这在唐宋时期是不曾广泛出现的。这一时期不仅有了专职的伊斯兰教宗教人士，也同时出现了外来穆斯林儒学家群体，“中国伊斯兰教”在纵深发展。上述已经介绍了几位著名的穆斯林儒学家以及西域儒学家，作为本章的结尾，再来介绍河北定州清真寺的一幢汉文碑，即《重建礼拜寺记》。这不仅是中国伊斯兰教最早的汉文碑，也同时是伊斯兰教与儒学深层次交融的重要象征。一般认为这是元代清真寺的汉文碑记，最早译为“穆罕默德”四字（原译为马合麻），最早开了以儒释伊的先例。

碑记内容对儒、释、道三家进行了总体评价，肯定了儒家文化，同时也批判了佛教、道教的“虚无寂灭，不免于妄，且其去人伦，逃租赋，率天下之人，而人无父无君之域”[②]，这主要是从伦理角度批判佛教与道教，间接表达了伊斯兰教和儒家文化的契合。碑文接着介绍了伊斯兰教“专以事天为本”[③]，这其实也是在强调伊斯兰教与儒家天道观的契合。此外还介绍了伊斯兰教本身独特的教理教义，宣传了伊斯兰教“认主独一”的根本教义，也就是说，真主安拉是唯一的造物主，本身没有形，且不能说真主是什么，只能说真主不是什么，也就是不得以物配主，否则即为亵渎真主。穆斯林只能通过对真主不断地念念相契，以此来表明自己对真主的信仰。

---

① 《元史》卷 143。

② 马生祥：《定州清真寺〈重建礼拜寺记〉碑在中国伊斯兰教史上的重要地位》，《文物春秋》2000 年第 3 期。

③ 同上。

最为重要的一点，也是具有里程碑意义的一点，就是碑文首次尝试将伊斯兰教与儒学进行深层次的贯通，强调伊斯兰教“况其奉正朔，躬庸租，君臣之义无所异；上而慈，下而孝，父子之亲无所异；以至于夫妇之别，长幼之序，朋友之信，举无所异乎！夫不惟无形无像与《周雅》无声无臭之旨吻合，抑且五伦全备，与《周书》五典五惇之义又符契，而无所殊焉”[①]，也就是说，碑文内容认为伊斯兰教所奉行的君臣之礼、父子之亲、夫妇之别、长幼之序、朋友之信与儒家五伦，伊斯兰教的真主与儒家文化中的“上帝”，伊斯兰教的念、礼、斋、课、朝五功与儒家的五常之教化没有什么不同，强调伊斯兰教注重礼仪伦常、入世生活，这与儒家文化的五常相互契合，这些都与佛道二教不一样，与儒家才有共同语言。碑文也为后世明清时期著名的“以儒诠经”学术运动奏响了先声，为后来中国穆斯林学者进行儒伊会通开了先河，指明了方向，奠定了基础。

元代在中国伊斯兰教发展史上具有重要意义，他打断了唐宋时代中国伊斯兰教的发展秩序，改变了中国伊斯兰教的面貌。在元代，也仅仅是在元代，中国内地的伊斯兰教同阿拉伯与中亚的伊斯兰教直接发生了关系，连成一线。[②]伊斯兰教在元代的政治和文化生活中的作用大大地提高了。元代打乱了唐宋时期伊斯兰教中国化的节奏，在纵深两个方向加快了伊斯兰教与中国文化相融合的进度，可以说在伊斯兰教中国化方面起到了催化剂的作用。明清时期中国伊斯兰教在此基础上回到了唐宋节奏，但也在此基础上深入地走向了与以儒家文化为核心的中国传统文化相融合的道路。

① 韩星:《回儒——伊斯兰教中国化的正道（上）》,《中国穆斯林》2018 年第 1 期。

② 秦惠彬:《中国伊斯兰教与传统文化》，中国社会科学出版社 1995 年版，第 21 页。

第三章

明清中国伊斯兰教先贤的“以儒诠经”学术运动

伊斯兰教中国化时至明清时期，终于触到了中国化的本质问题，即伦常与义理层面与以儒家为核心的中华文化体系之间的张力到了不得不去思考和解决的时候了。这关乎中国伊斯兰教的生存和发展，也成为“以儒诠经”学术运动的历史诱因。伦常层面的问题主要是回族与中华民族之间的关系，义理层面的问题则主要是伊斯兰教教理与儒学之间的关系。明清时期中国伊斯兰教学者发起的“以儒诠经”学术运动便是回答伊斯兰教中国化这两个时代提问。

第一节 “以儒诠经”的历史必然性

元末，民族压迫和阶级压迫愈演愈烈，朱元璋起兵灭元，此时的穆斯林已在中华大地上扎根数代，几乎成为中华民族共同体的一员，这里用“几乎”而非“完全”，在后文会专门做出解释。在战争中许多中国穆斯林将士也参与其中，并且发挥了非常重要的作用，有些将军也成为明朝的开国元勋，民间流传着明代“十大回回保国”的佳话。[①] 以名将常遇春为例，他是非常著名的穆斯林将军，在金庸先生小说《倚天屠龙记》中也曾讲过他的故事。《清真释疑补辑》当中记载常遇春功勋卓著，朱元璋每

① 余振贵:《中国历代政权与伊斯兰教》，宁夏人民出版社 1996 年版，第 117 页。

次论功行赏之时，提到常遇春“十居八九”。常遇春本人战时也不忘穆斯林的宗教仪式，即使在戎马繁忙之时也不忘斋拜，并且进入清真寺谈经习礼，还请求在南京建清真寺并获得批准，落成后，朱元璋经常驾临此地。可见民族融合的程度之深。

整个明代历史其实都是处在和蒙古势力此消彼长的阶段。单纯从政治政权的角度来说，明朝统治者对于蒙古人和色目人充满防范之心，这是为了维护政权稳定。充满忌惮，就必然采取一系列较为严格的防控措施，制定一些压制蒙古人、色目人的律法。比如，不准蒙古人、色目人自相婚配；重农抑商，商贾之家只能穿布，农民之家可以穿细纱绢布，我们都知道，穆斯林是重商的，这一条既是对中国农业本位的回归，也是对穆斯林群体的限制与压制；还有禁止随意杀耕牛的律法，穆斯林群体以牛羊为食，这是一些回到农业本位，重农抑商限制穆斯林的举措。从政权的角度出发，明朝对伊斯兰教也有一定的限制，在穆斯林中只设教长而不设教法官；教长只有传教的权利，彻底不能管理穆斯林的任何民间诉讼。综上所述，当时社会整体环境、整体舆论倾向都给穆斯林群体增加了无形的压力。比如，前述元末大诗人丁鹤年的故事，他在元末明初独自一人漂泊不定，隐居佛寺，卖药自给，生活非常艰难。

元代穆斯林群体整体处在一个较为宽松的生活环境，他们并没有对自己的穆斯林身份有一种明显的自觉认知。穆斯林群体在明初受到这种紧缩的政策时，他们就会形成一种自觉，明白自己所属群体是特殊的，是和其他群体不一样的，于是这种整体的客观环境就让穆斯林群体产生一种内聚力、一种张力，作为一个民族形态的“回族”，在明清时期渐渐形成。民族的基础有了，一个民族群体的形成，必然会要求其相应的民族文化，最为合适的民族文化，就是中国穆斯林世代所信仰的伊斯兰教。中国穆斯林是伊斯兰教的载体，同时又推动着中国伊斯兰教的发展。“以儒诠经”学术运动恰恰就是中国穆斯林学者对中国伊斯兰教的创新阐发。那么我们接下来就看看当时的中国伊斯兰教是一种怎么样的状态，是否能作为中国穆斯林的文化代表。

明代由于强敌环伺，统治者采取了与元代截然相反的政策，那就是闭关锁国政策。统治者向北防御，向东南则实行海禁，封闭了海路和陆路。这让元代时候与中亚等地连成一片的中国伊斯兰教断掉了与伊斯兰教源头文化的连接，中国伊斯兰教便处于独自发展的境遇中。这种历史命运就不得不使中国伊斯兰教带上更多的中国特色。这里我们可以类比佛教，佛教传入后，一直从文化源头传入新的理论，比如，唐代玄奘大师带来了唯识学，唐玄宗时期密宗又传入，但当佛教在其发源地没落之后，佛教便在中国迅速走上了与中国文化深度结合的道路，宋代形成了儒释道三教合一的中国文化形态。中国伊斯兰教则比佛教更晚地走上了这条道路，宋代正是伊斯兰教的初传期。文化的发展，载体是人，我们再来看此时的中国穆斯林对于伊斯兰教的掌握情况，几近脱节。

明清时期，中国穆斯林世世代代在中华大地上生活，已经脱离了源文化的语言，阿拉伯语和波斯语对他们来说已经由母语变成了外语，中国穆斯林已经普遍使用汉语，而此时的伊斯兰教经典依旧是阿拉伯语和波斯语等语言，这便出现了文化的脱节，中国穆斯林已经看不懂《古兰经》，中国伊斯兰教的发展陷入了停滞甚至衰退的地步。比如，明代泉州的丁氏记载了当时穆斯林对于伊斯兰教经典的认知：“诵清经，仿所传夷音，不解文义，亦不求其晓，吉凶皆用之。”[①]可以看出此时的中国伊斯兰教更加接近民俗。穆斯林只会模仿传下来的阿拉伯语、波斯语等语言的语音来诵读《古兰经》，并不知道其中的意思，而且也不求甚解，没有主观意愿，并且把经典当作趋吉避凶的祈祷文来读。伊斯兰教民俗化比较严重，意味着其哲学内涵的消失。

唐宋元三代中国伊斯兰教的宗教教育，并没有一个统一的标准，只是在家庭内部进行传承，由长辈传授给晚辈，且以阿拉伯语讲解《古兰经》及其他经典为主要方式。因为各自家长的宗教知识水平不一，所以传

① 庄景辉编校：《陈埭丁氏回族宗谱》，香港绿叶教育出版社 1996 年版，第 29 页。

授经典、讲述方法、课时安排都有很大的随意性。对于大多数穆斯林来说，父子相承式的宗教知识传授，显然缺乏做学问的严谨性，容易流于形式。阿訇、掌教等教务人员也是以父子相授的方法进行培养的。这也造成了广大穆斯林甚至包括一些阿訇，对教义本身并没有多么深刻的理解，而只是满足于遵守某些宗教性习俗，甚至渐渐认为遵守这些宗教习俗本身就是宗教的全部要求。伊斯兰教的发展渐渐世俗化、民俗化。伊斯兰教的哲学内涵已经随着历史的发展而渐渐消逝。

说完了明清时期中国穆斯林与中国伊斯兰教的情况，下面再来看看外界对于伊斯兰教与穆斯林的认知偏差。到了清代，统治者本身由于不了解伊斯兰教，有着非常严重的偏见，加上清初中国穆斯林曾以“反清复明”为旗号参加了抗清运动，于是清朝统治者对中国穆斯林与中国伊斯兰教的偏见更甚。如顺治年间清朝政府镇压了河西地区丁国栋和米剌印反清斗争之后，兵科左给事中郝璧就如何善后，特别是如何管理当地回民向清廷建言：“职愚谓此种从来叵测，与百姓同城居住，习俗不一，终为疑二。”也就是说，穆斯林整个习俗都与其他人不同，终究不可能和大家一条心，甚至建议其“子女族党，另行安置，勿令养马，勿藏兵器，令其掌教一人主之，制其出入，一意耕牧所原有田产，以消其犷悍之性，仍听司道等官不时察勘”[①]。要将他们分别安置并严密监控。无独有偶，雍正年间山东巡抚陈世倌上奏，回民不同于其他臣民，伊斯兰教本身应予禁绝，他认为伊斯兰教是“不敬天地，不祀神祇，另定宗主，自岁为年，党羽众盛，济恶害民”的“邪教”，并“请概令出教，毁其礼拜寺”[②]。陈世倌的看法代表了当时部分统治者关于中国伊斯兰教的看法，他们认为穆斯林不敬天地，也不拜神，还有自己的一套历法和习惯，并且只尊安拉独一。这一切都看似和中华文化格格不入。大家都知道穆斯林有封斋的宗教仪式，民间传说当时山东一个回族村子里有穆斯林举行

① 杜常顺、张磊：《清代基层社会治理视野中的回民教领》，《世界宗教研究》2018 年第 6 期。

② 余振贵：《中国历代政权与伊斯兰教》，宁夏人民出版社 1996 年版，第 171—172 页。

“封斋”，却被揭发举报其夜晚“炊火急食，预谋造反”，导致全村遭到了严厉的惩处。

类似的情况在清初经常发生，而皇帝虽然都将这些上奏驳回，但皇帝们也不是因为理解伊斯兰教而做出的决定，他们更多是出于民族团结和政治稳定的角度来考虑问题。其实伊斯兰教在此时被误解，是有其内在原因的，这也是伊斯兰教本身所具有的潜在因素，只是在进入中国后，与古代文化相互矛盾的地方，在此时显现出来而已，这是每种宗教文化进入中国后都会经历的必然阶段，这就意味着伊斯兰教中国化需要触及最深的阶段，就是思想层面的深层次对话。中国穆斯林能否融入中华民族共同体，中国伊斯兰教能否融入中华文化共同体，在此时就凸显出来，这也是后来“以儒诠经”学术运动所解决的两个重要问题。伊斯兰教中国化在此时也到了危急关头。佛教在进入中国的初期也是波澜不惊，后来凸显出的一个问题就是与中国儒家伦理相互矛盾，矛盾激化后也反过来促进了佛教在深层次与中国文化相融合的进度，最终成为中华文化的有机组成部分。说完“以儒诠经”学术运动的历史必然性，本书接下来讲述伊斯兰教中国化在深层次交流上的初期实践。

第二节　“经堂教育”奏响了“以儒诠经”的先声

综上所述，时至明代，回族觉醒渐渐形成，但其相应的民族文化，即中国伊斯兰教，此时则处于教内人才凋零，教外误解加深的危机局面，照此发展下去，中国伊斯兰教必然成为民俗而失其哲学层面的内核，甚至消失于历史长河当中。在这种大趋势下，用汉语、汉文讲解、注释、阐发伊斯兰教经典及教义思想就成了历史发展的内在要求。在中国伊斯兰教危急存亡的时刻，有一个人站出来试图扭转此局面，他就是明后期的陕西阿訇胡登洲。

胡登洲阿訇年轻的时候即学习汉文以及儒家文化，后来随经师学习伊斯兰教教理教义，并且学习阿拉伯文和波斯文这些伊斯兰教源文化的语言工具。两种文化的兼通也为其后来探索伊斯兰教中国化的新路径奠定了基础。他后来又赴麦加朝觐，回国途中考察和游历了印度、埃及、土耳其等国的伊斯兰教发展状况，尤其着重考察了这些伊斯兰国家的教育状况。经历了这些，胡登洲可谓兼通儒伊文化，又具备了国际视角，后来的“以儒诠经”学术运动的伊斯兰教先贤们也多具有类似的多元文化结构。胡登洲鉴于当时中国伊斯兰教“经文匮乏，学人寥落，既传译之不明，复阐扬之无自”[①]。说得通俗点就是，中国伊斯兰教没有人才，没有适合自己的翻译经典，更没有自己的观点理论，整个中国伊斯兰教处于岌岌可危的匮乏状态。于是他“慨然以发明正道为己任”[②]而立志兴学。他立下雄心壮志，要弘扬正道就要从中国特色的伊斯兰教规范化教育体系做起。胡登洲先是在自己家中设帐招徒，后来则以清真寺为中心进行教学，并且与中国传统私塾教育相结合，取长补短。胡登洲免费招收学员，讲授阿拉伯文、波斯文和伊斯兰经典。他讲解经典时则使用“经堂语”。“经堂语”是对中国伊斯兰教尤其是对西北伊斯兰教影响深远的一种特别的用来解经的语言工具。

当时的中国穆斯林在生活中使用汉语，但宗教上依然使用阿拉伯语和波斯语。但中国穆斯林已经不懂得这两种宗教语言。胡登洲首先做的就是去弥合这个鸿沟，让中国穆斯林能用汉语学习宗教教理教义。于是，他发明了运用汉语语法规则将汉语、阿拉伯语、波斯语三种不同词汇或词组交互组合成句的独特表达形式。讲授时选用当时的汉语直译阿拉伯文和波斯文经籍，而在表述时又夹叙、穿插大量的阿拉伯语、波斯语词汇，自成体系，形成一套由阿拉伯语、波斯语向汉语过渡的汉语、阿拉伯语、波斯语相融合的专门用语，清代“以儒诠经”学术运动集大成者刘智称之为

① 冯增烈:《〈建修胡太师祖佳城记〉碑叙》,《中国穆斯林》1981 年第 2 期。

② 同上。

“经堂语气”，后简称为“经堂语”。由于阿訇在讲“卧尔兹”[①]时也广泛使用这种语言，不少词汇已成为穆斯林大众世代相传的日常用语，直到今天仍然为中国穆斯林尤其是西北穆斯林所用。下面举几个比较形象和具体的例子来说明“经堂语”的运用，一看便知。

经堂语的句子组合，大都借助了汉语的动词、形容词、副词、结构助词和语气词。译文的特点是逐字直译外文原意，注重对原文词法、语法的推敲，对于原文各种句型，有一套独特的翻译用词和表述方式。与汉译《古兰经》相比较，经堂语译文的特色更为突出。例如，“故你应当为你的主而礼拜”（108：2），经堂语则译为“既然如此，你应为调养你的主交还乃麻孜（乃玛孜）着”。[②]“乃玛孜”是源自波斯语“礼拜”的汉语音译，语法框架则用汉文，这就符合当时中国穆斯林日常用语表达，宗教上的外语则只了解只言片语，宗教核心词汇直接音译而不意译，其他经文则采取直接而朴素的翻译，整体句子形成一种特殊的过渡性质的表达方式。再比如“真主所喜悦的宗教，确是伊斯兰教”（3：19），经堂语译文则为“委实教门近主的跟前是伊斯俩目”；“天地万物都是他的”（2：255），经堂语为“在一些天里边的那个与在地里边的那个是唯独他的”。[③]经堂语是中国伊斯兰教学者在特定的历史文化条件下为传播伊斯兰教教义而独创的一种自成体系的语言表达形式，是伊斯兰教教理教义中国化过程当中起到关键作用的语言工具，至今仍在清真寺经堂教学中使用。“经堂语”与将其运用其中的“经堂教育”为之后“以儒诠经”学术运动奏响了先声，探索了道路，奠定了人才基础，后来“以儒诠经”的核心人物大都经历过经堂教育。

“经堂教育”其实已经在探索如何用中国文化去诠释伊斯兰教而又不违背原意，与此同时又能为中国穆斯林所认知。从“经堂教育”到后来成

① 伊斯兰教宣教的一种方式。阿拉伯语音译，有“劝导”“训诫”之意。

② 马清丽：《回族语言中西宁回族的经堂语教育》，《赤峰学院学报（自然科学版）》2012年第11期。

③ 同上。

熟的中国伊斯兰教“以儒诠经”学术运动的完成，除了因为明清时期出现的前述危机，伊斯兰教主动谋求自身的生存和发展，还有一个内在的重要原因决定了伊斯兰教中国化的发展，那就是伊斯兰教本身就具有接受儒家思想影响的先天条件，因为伊斯兰教教义与儒家思想存在着许多相通或者相同之处，为两者的结合提供了可供交流的思想基础。比如，明成化年间（1465—1487），进士陆容在接触了伊斯兰教之后认为：“回回教门，异于中国者，不供佛，不祭神，不拜尸，所尊敬者惟一天字。天之外，最敬孔圣人。故其言云：僧言佛子在西空，道说蓬莱住海东，惟有孔门真实事，眼前无日不春风。”[①]也就是说，伊斯兰教不崇拜任何偶像，首要是敬天，其次是尊敬孔圣人，且佛道两家所追求的都异于此世，只有伊斯兰教与儒家文化关注现世生活，注重眼前事。由此可见，伊儒两家都不赞成佛教与道教的出世观点，二者重视人生，重视社会生活，在境界上都重视生活中伦理道德的修养，以及对“礼”，也就是社会伦理秩序的肯定。此外，在其他方面，伊儒两家也有很多共同点，比如，儒家主张“小不忍则乱大谋”，伊斯兰教注重“顺从”“坚忍”；儒家倡导“中庸之道”，认为“过犹不及”，伊斯兰教则主张“正路”，反对“过分之举”，等等。[②]两者对一些原则性问题的主张基本是一致的。

值得一提的是，儒家本身在发展过程中，也存在着被神化或宗教化的现象。汉代时，董仲舒所讲的儒家学说，与孔孟为代表的人文性儒学相比，已经有了很大的变化。他们把中国民间文化的五行占卜、谶纬迷信、迎神送鬼、求风求雨等方术吸收并融入儒家思想当中。这是汉代以后儒家思想的重要内容，儒学有了宗教化的倾向。到了宋代，朱熹等理学家进一步吸收了佛道两教的思想，使儒学进一步宗教化，这种宗教化的宋明理学提出各种修养主张，比如，提倡“涵养静修”“以观喜怒哀乐未发之气象”，

① 陆容：《菽园杂记》卷 2。

② 王灵桂：《中国伊斯兰教史》，中国友谊出版公司 2010 年版，第 205 页。

致力于“天理人欲之辩”，要人们“存天理，灭人欲”，等等。[①] 儒家有了宗教的维度，这样就与本身即是宗教的中国伊斯兰教更加接近儒家，中国穆斯林在心理上更容易亲近儒家。

伊斯兰教进入中国以后，中国穆斯林耳濡目染地接受了儒家思想文化的熏陶和影响，为中国伊斯兰教接受儒家思想影响和渗透打下了广泛的群众基础。自从唐初外来穆斯林贡使来华并融入当地之后，中国穆斯林积极认真地学习中国传统文化，世代接受儒家思想文化的熏陶，出现了一大批学习研究、宣传儒家文化的哲学家、文学家、艺术家，出现了许多从事国家管理的干才。长期以来，儒家的世界观、认识论、人性论、道德论，不仅为中国穆斯林知识分子和上层人士所接受，而且也对广大底层穆斯林有着潜移默化的影响。这种水滴石穿的作用之深刻，影响之深远，使中国的穆斯林最终也开始用儒家的眼光去看待、理解自己世代所信奉的宗教。因此，用儒家思想与伊斯兰教相结合的方式去宣传教义，就成了顺理成章的事情，这种方式能为广大穆斯林群众易于和乐于接受。“万事俱备，只欠东风”，“以儒诠经”学术运动呼之欲出。

第三节　“以儒诠经”的代表人物及其心路历程

陕西阿訇胡登洲的“经堂教育”挽救了中国伊斯兰教的危机，中国伊斯兰教的人才也在逐步积累，伊斯兰教中国化的质变正在酝酿中。但人才的培养不能一蹴而就，总体来说，明末清初中国伊斯兰教的人才还是非常匮乏，我们从后来“以儒诠经”学术运动先驱之一马注的《清真指南》中的史料记载便可以看出中国伊斯兰教当时整体的衰退与凋零。《清真指南》卷一记载清康熙年间事说：“康熙十八年（1679）己未，皇上狩于蠡城（今河北境内），登清真阁，见架置天经，徘徊不忍去，诏寺人能讲者来，蠡人无有应诏者。康熙二十一年（1682）秋，西域国臣以天经进，上

① 王灵桂：《中国伊斯兰教史》，中国友谊出版公司 2010 年版，第 206 页。

谕礼部侍臣即传京师内外，诏能讲者来。”结果有“一教领”应诏，但该教领只能诵读原文，不会讲解其义。康熙下诏求人讲解《古兰经》，这是宣传和解释教义的良机，结果却是“无人应诏”。即使有人应诏，也只会诵读原文，而不能阐述教义了。[①]这可谓是中国伊斯兰教发展的最好机会，但因为人才匮乏而错过。众所周知，康熙皇帝是中国历史上少有的开明且博学的帝王，他对各种学问都非常包容且希望了解和学习，当时西方的各种学问传进来，康熙皇帝也都抱着包容开放的态度。当康熙皇帝希望了解伊斯兰教的教理教义之时，蠡城清真寺内无人能解，后来甚至在全国大范围寻找，也只找到一位只会诵读而无法阐述教义的宗教人士。因为人才的匮乏，中国伊斯兰教也就错过了这一机会。

其实，伊斯兰教自唐宋传入中国一直走到明清时期的危机局面，除了上述的那些原因，还有一个较为隐性的原因，那就是随着时间的推移，伊斯兰教的发展渐渐走向了相对固化的阶段，失去了一开始的开放态度。中国穆斯林认为只有阿拉伯语或者波斯语才能表达伊斯兰教的教理教义，用其他的文化和语言去解读，有点“亵渎”和“不敬”的意味。从这个角度来说，当时人们想要突破思想的禁锢，用以儒家文化为核心的中华文化体系诠释伊斯兰教，是一件需要勇气和智慧的事。从这个角度来看，包括胡登洲在内以及后来引领“以儒诠经”学术运动的中国伊斯兰教先贤们所做出的贡献，堪比当年佛教中国化过程中的诸位大翻译家。基于上述历史背景，明末清初出现了一批博通儒、佛、道、伊的穆斯林大学者。这一时期，在中国伊斯兰教存亡之际，他们以自己的身份自觉发起了“以儒诠经”学术运动。在回族形成之后，伊斯兰教形成了属于回族，属于中国文化的中国伊斯兰教文化。接下来将介绍“以儒诠经”学术运动的核心代表人物王岱舆、马注、刘智、马德新的心路历程及其核心理念。“经堂教育”的中心在陕西，但“以儒诠经”学术运动则成熟于山东、南京等地，

① 马注：《清真指南》卷之一《援诏》，引自谈谭：《明末清初回族伊斯兰汉文译著兴起的原因研究》，《世界宗教研究》2003 年第 3 期。

就是因为后者儒家文化的底蕴更加深厚，学者儒伊两家的学术积淀也更为扎实。

一、王岱舆：“忠信孝友略与儒者同”

首先介绍的是晚明“以儒诠经”的前驱人物——王岱舆。在其著作《正教真诠》的“自叙”与“问答纪言”中，王岱舆阐述了自己进行“以儒诠经”学术运动的心路历程与思路。他首先说明自己的身世“予祖属籍天房，缘入贡高皇帝，订天文之精微，改历法之谬误……三百年来，虽于此习熟之久，然而溯本推原，不敢有忘也。”[①] 王岱舆的先祖是阿拉伯人，明初作为贡使入华，从事天文历法的工作，得到皇帝的恩赐而留居中国。王岱舆追本溯源，不敢忘记自己的身世来源，这就有了儒家所谓“慎终追远”的情感维度在里面。延续先祖的文化，是其重振中国伊斯兰教的原因之一。接着他叙述了自己与儒学之间的缘分，“至于壮盛，自惭庸鄙，始阅性理、史鉴之书，旁及百家诸子，稍通大义”[②]。王岱舆是先伊后儒，青壮年时觉得自己的学问还是不够深入细致，于是开始学习儒家文化的方方面面，并且遍阅诸子百家。在深入了解伊儒两家之后，王岱舆深有所悟，认为“天下事有不齐，理无二是。予不计人我，但论同异而已……予辩其异吾道者而已……若夫孔孟之道修身、齐家、治国与吾同者，予焉敢妄议其是非哉”[③]。也就是说，纵观天下，事物的表象纷繁复杂，但是其根本的道理是相通的，只是表现方式各异，进一步来说，各种哲学思想在最基本的道理上是可以对话的。在这个前提下，他要做的就是把伊斯兰教和儒家文化二者间不同的方面找出来，作为学术研究的方向。而二者之间本质相通的那个“理”，也就是修身、齐家、治国等入世之道，王岱舆承认这个相通的人伦之“理”，且不敢妄议。对于伊斯兰教为何在中国走向了没落，

① 王岱舆：《正教真诠》“自叙”与“问答纪言”，引自沙宗平：《“圣人之教，东西同，今古一”——“以儒诠经”伊斯兰教与中国传统文化之“文化会通”》，《宗教与哲学》2017 年第 1 期。

② 同上。

③ 同上。

王岱舆认为“清真之经典不乏而教外莫有能知者，以文字之各殊也。予特著论以彼达此，悉属借用”[①]。伊斯兰教经典之所以在中国越走越窄甚至无人知晓，主要是因为文字的不通，对此王岱舆认为应该打破固有的认知，他认为完全可以借用中国文化来诠释伊斯兰教的精髓。“其中理道悉本尊经、参以典籍，不敢自徇胸臆、毫发增损。”[②]也就是说，虽然是“以儒诠经”，但丝毫没有违背伊斯兰教原本的思想。最后，他在自谦之余也对后来的学者提出了殷切的期待。“论著固予一人之私，而理则天下之公。若以谦让之虚美而使天下公理废而不传，实非予之初心也……或因予之未备而使后之有志者益畅其说。”[③]他说他进行“以儒诠经”的初心就是不能让天下的公理废而不传，希望伊斯兰教能为大家所认可，并且希望后来的学者能在他的基础上继续前进，更加深入完备。

二、马注:“回之与儒，教异而理同也”

在马注的著作《清真指南》“自叙”中，马注回顾了他整体思想的变迁过程。马注据说是元朝咸阳王赛典赤・赡思丁的十五世孙，赡思丁是元代杰出的穆斯林政治家、儒学家，前文也有详细的介绍，所以马注经常自称“圣裔”。虽然出生在这么知名的穆斯林世家，但他与王岱舆不同，他是一位先儒后伊的大学者，而且不止学习儒学，他是先学习了儒释道三家的思想，之后才学习了伊斯兰教思想。“自谓修齐治平得其至理。及三十五而访闻经教知天命之从来，日夜钻研始觉前辙茫然、身心无济。”[④]马注认为他对儒学的钻研是有成果的，修身、齐家、治国、平天下的各种道理已经学到了精微处，但真正让他有所感悟的是他三十五岁时开始学习

① 王岱舆:《正教真诠》“自叙”与“问答纪言”，引自沙宗平:《“圣人之教，东西同，今古一”——“以儒诠经”伊斯兰教与中国传统文化之“文化会通”》,《宗教与哲学》2017 年。

② 同上。

③ 同上。

④ 马注:《清真指南》“自叙”，引自沙宗平:《“圣人之教，东西同，今古一”——“以儒诠经”伊斯兰教与中国传统文化之“文化会通”》,《宗教与哲学》2017 年。

伊斯兰教教理教义，这让他通达了生死。以前所学的儒学虽然好，但是总让他觉得身心无所依靠，缺乏一种精神的安顿，“道亦同，然惟自足则不能复进于高明”[①]。于是，他认为伊斯兰教和儒学应该走上一条互相融合且相互弥补的道路，而不应该各自封闭在自己的世界里，因为“西域圣人之道，同于中国圣人之道”[②]。对于儒家文化来说，也有更进一步的空间，“子思曰：及其至也，虽圣人亦有所不知焉。夫以圣人之所不知而欲求其知，非《天经》之指示、真主之真言不可”[③]。他认为伊斯兰教的圣人与儒家的圣人他们叙述的道理是相通的。可相互弥补之处在于，学到精微之处时，儒家则还有可上升的空间，并没有到达彻底的境地。在这一点上，伊斯兰教正好可以弥补，他认为这可上升的空间恰恰就来自于真主，这种融合可以使儒家思想变得更加完整。同时他认同前辈王岱舆的思想，认为王岱舆的思想是“清夜鸣钟，唤醒醉梦；苦药针砭，救济沉疴”[④]。他认为王岱舆探索出的这条“以儒诠经”的相融之路是一条光明之路，是一剂良药。与此同时，他也感到了穆斯林学者肩上的担子之重，“经传未译，儒习罔闻，得非君子之不才、致道有滞于一时乎？道不宏则人而自闭其门也”[⑤]。不仅如此，也没有尽到君臣之道的伦理要求，“道不公于君父，则臣子之职有亏。明德亲民，皆学者性分中事也”[⑥]。他认为中国伊斯兰教没有将经典翻译过来，以至于大众不明白，甚至对经典产生误解，这种将正道淹没的结果不是君子之行。他在这里其实已经用儒家的君子观点来审视自己的使命，这本身也是一种“以儒诠经”。马注认为如果这样下去，中国伊斯兰教的道路只会越走越窄，而且他认为如果不把这些学问做好，同时也是作

① 马注：《清真指南》“自叙”，引自沙宗平：《“圣人之教，东西同，今古一”——“以儒诠经”伊斯兰教与中国传统文化之“文化会通”》，《宗教与哲学》2017 年。

② 同上。

③ 同上。

④ 同上。

⑤ 同上。

⑥ 马注：《清真指南》“自叙”，引自许淑杰：《试论马注思想的发展》，《元史及民族与边疆研究集刊》2013 年第 2 期。

为臣子的不忠。从中可见马注对于儒学的深刻认同。

三、刘智:“天方之经大同孔孟之旨”

刘智可以说是中国伊斯兰教“以儒诠经”学术运动的集大成者和灵魂人物，南京刘智墓的碑文以及其著作《天方性理》《天方典礼》中记载了刘智的思想学术历程，足以令后世穆斯林景仰与学习，堪为中国穆斯林学者的榜样。刘智的父亲刘汉英是刘智学问的启蒙者，同时也深深影响着刘智的一生。刘汉英也是一位回儒兼通、学识广博的大学者。在刘智小时候，他的父亲曾感叹说:“天方之经，析理甚精，但恨未能汉译之，俾其广昭于斯土也。”[①]也就是说，伊斯兰教经典，有着深刻的哲学理论，可惜没有汉译版本，在中国没能让大家有所了解，他感到很遗憾。父亲的这句话深深地震撼了刘智的内心，也为他以后的巨大成就埋下了种子。刘智自幼接受伊斯兰教文化熏陶，诵读《古兰经》并学习其他伊斯兰教经典。他 15 岁起研读儒家典籍，8 年里他遍阅“经史子集及杂学之学”，接着用了 6 年时间研习《古兰经》，又用 4 年时间阅完了释藏和道藏，继而又参阅了 137 种“西译书”，可谓“学通四教，学贯东西”[②]，最后又“会通诸家而折衷于天方之学”[③]。这种广博刻苦的学习，常人难以达到。刘智读万卷书，也不忘行万里路，他在博览群书之后便专注于伊斯兰教的研究，或者说专注于中国伊斯兰教经学体系的思考与建设。他远游南北诸省，访师求经，足迹遍及山东、北京、河南、陕西、湖北、浙江、广东等地，他广泛搜集散落在全国各地的伊斯兰教经籍。刘智在游历的时候，即使在驴背上都没有忘记学习，依旧坚持读书。刘智能取得这样的成就，与其说是天赋，不如说是超人的毅力和坚定的志向。

经过如此的积累，刘智终于有所体悟，打通了中华文化与伊斯兰教

① 孙振玉:《王岱舆、刘智评传》，南京大学出版社 2006 年版，第 208 页。

② 刘一虹:《回儒对话——天方之经与孔孟之道》，宗教文化出版社 2006 年版，第 124 页。

③ 孙振玉:《王岱舆、刘智评传》，南京大学出版社 2006 年版，第 213 页。

之间的壁垒。他“恍然有感于天方之经，大同孔孟之旨也。……乃喟然曰：‘经，则天方之经。理！乃天下之理。天下之理，而不使天下共闻之而共明之，甚非圣人著经之意也’”[①]。他忽然悟到伊斯兰教经典与孔孟之道所阐述的是同一个道理，这种悟不是我们所谓的明白道理，而是从心中体悟到并且可以坚定信赖的道理。这也给了汉译伊斯兰教经典一个充分的理由。于是“因于数大部经中，择其理同而义合者，纂为一书，即汉译性理本经也”[②]。刘智翻译与著述的基本原则即是将儒伊当中相通之理表达出来，契理契机于中国文化语境且不违背伊斯兰教核心教理。他认为“虽载在天方之书，而不异乎儒者之典，遵习天方之礼，即犹遵习先圣先王之教也。圣人之教，东西同，今古一”[③]。也就是说中国穆斯林虽然遵习伊斯兰教文化，但归根结底还是在遵从儒家文化，古今的圣人们所阐述的道理是相通的，只是表现方式各异。最后他也表达了他的志向，“智也，固学天方之学者也。然私窃自谓，不尽窥经史，旁搜百氏，则天方之学，犹止行乎一隅，而非天下之公学也”[④]。这段话说得很中肯，作为伊斯兰教学者，如果不去全面学习中国文化，则伊斯兰教不可能成为天下的公学，只能被历史淘汰。从他的学术经历与治学态度可以看出，刘智足以为后世中国穆斯林甚至世界穆斯林效法。《天方典礼》进入《四库全书总目提要》，《天方性理》进入《四库全书续编》，也意味着伊斯兰教向着中国伊斯兰教的转变，成为中国文化的有机组成部分。

四、马德新：“儒之与回，同源异流”

马德新是云南大理人，他和明末清初的王岱舆，清初的刘智、马注，并称为中国伊斯兰教的四大经学家。他除了同上述几位先贤一样博通各种

① 刘一虹：《回儒对话——天方之经与孔孟之道》，宗教文化出版社 2006 年版，第 125 页。

② 同上。

③ 吴云贵：《从刘智〈天方典礼〉看伊斯兰教中国化的路径方式》，《世界宗教研究》2019 年第 3 期。

④ 刘一虹：《回儒对话——天方之经与孔孟之道》，宗教文化出版社 2006 年版，第 128 页。

文化，由于经历了清末动荡，马德新更有自己独特的经历和感悟，他曾亲自去麦加朝觐，并写过一本书叫《朝觐途记》，这也是马德新和其他三位先贤不同的地方。整个行程取道滇西，经缅甸、印度、锡兰，途经也门、沙特阿拉伯，朝觐结束后又去埃及、土耳其、耶路撒冷，最后经过新加坡，由广东回云南。整个过程他都在考察、调研。他在开罗、麦加和君士坦丁堡都逗留很久，每到一地，就广泛搜集伊斯兰教的经籍，抄录珍藏，并且师从当地著名的学者，进一步钻研伊斯兰教的经典、教义、教法、教史、哲学、文学、天文等各类学问，这就使他的学问又增加了国际视野的维度。他整个旅行长达七年半。与此同时，马德新生活的时代属于清朝末期，各种社会矛盾汇集，他既有这种长期的侨居游学生活，又有国内轰轰烈烈的战争体验以及权术倾轧的政治生涯。马德新的后半生处于动乱之中，动乱的社会现实让他透过世事，看到了社会的本质，于短暂中体验到永恒，于是著书立说阐述伊斯兰教哲学，马德新甚至还著有阿拉伯文作品十几部，可见其广阔的学术视野。马德新注重以伊斯兰教弥补儒学在终极意义上的不足，在其最具代表性的两部作品《四典要会》和《大化总归》中，着重阐释后世复生之理，即“后世之真”“遵中国之礼，引孔孟之章，译出天道人道之至理，指破生来死去之关头”①。

本节的最后，放上最早收录于晚明王岱舆所著《正教真诠》卷首《群书集考》，据传是明太祖朱元璋写的赞颂穆罕默德的《至圣百字赞》，这篇百字赞虽无法确定是否出自朱元璋之手，但其中已经有了以中华文化诠释伊斯兰教的意味，如果真是出自朱元璋之手的话，则更有象征意义：“洪武元年（1368）敕建礼拜寺于金陵，御书百字赞，褒美清真，以示优异。赞曰：‘乾坤初始，天籍注名。传教大圣，降生西域。受授天经，三十部册，普化众生。亿兆君师，万圣领袖。协助天运，保庇国民。五时祈佑，默祝太平。存心真主，加志穷民。拯救患难，洞彻幽冥。超拔灵魂，脱离罪业。仁覆天下，道贯古今。降邪归一，名清真教。穆罕默德，

① 刘一虹：《回儒对话——天方之经与孔孟之道》，宗教文化出版社 2006 年版，第 161 页。

至贵圣人。’”[①] 全文充满了儒释道的文字表达，尤其偏重于佛道教，这也可以看出作者以中华文化的视角去理解伊斯兰教。

第四节　“以儒诠经”的问题导向与主要内容

“以儒诠经”学术运动，就其内容而言非常丰富，涉及中国文化的方方面面，从前述先贤的学术经历就可以知道“以儒诠经”涉及内容的广博，人人著述等身，在本文中更是难以详尽。将“以儒诠经”学术运动的主要思想进行简要的概括，其主旨在于明白伊斯兰教与中华文化的结合点在哪里，如何去融通两种文化。接下来将从五方面进行简要论述。

一、用中国传统文化字词精准解释伊斯兰教思想

“以儒诠经”要解决的第一个问题，也是贯穿全局的问题，那就是如何用中国文化的话语体系精准地表达伊斯兰教思想，这是一个非常关键的问题。如果没能精准表达伊斯兰教思想，那么就会形成中国伊斯兰教自说自话的局面，成为伊斯兰教“异端”。王岱舆在《正教真诠》中对当时“以儒诠经”的三种倾向作了批判，其一就是“外托正教之名，而内演空玄之理，以讹易正，泾渭不分，合同异随人之所欲，统众理诸教为一家。但灼见真知者少，以耳为见者多。若门外汉目之，则愈染愈深，迷不可治，良可悲也”[②]。这指的是一类没有什么真学问，道听途说而信口开河的翻译者，把各种文化混在一起，不分界限，把伊斯兰教弄成一个大杂烩，从而失去了自己的特点。其二是“或有粗知汉学而稍习经旨者，间亦注书于世，无非肤语浅训，不过修身而已；或有两不相通，惟以道听途说，妄自纂而成编者”[③]。这一类学者对儒伊双方都研习得不深，不明白二者在深

① 余振贵：《中国历代政权与伊斯兰教》，宁夏人民出版社 1996 年版，第 127 页。

② 杨晓春：《论晚明江南穆斯林学者的文化纷争——从王岱舆〈正教真诠〉批评的〈证主默解〉说起》，《南京大学学报（哲学 · 人文科学 · 社会科学版）》2005 年第 1 期。

③ 同上。

层次上存在相通之处，只是在二者的细枝末节上做一些表面的会通。这一类人的翻译比较勉强，事倍功半，其作品也难以被中国知识分子接受。更不用说那些根本不懂二者异同在何处而道听途说的翻译者。其三是“精于文翰，而鲜知经义者，纵然资性明达，惜乎未经正指，遂以异端之学，搅乱清真，虽然似是而非，但其巧媚能夺人之心志，此清真之最恶，正人之深忌者也”[①]。第三种也是最能蛊惑人心的，那就是精于中国文化的翻译者，他们文辞华丽，文笔优美，但由于他们不懂伊斯兰教，因此对伊斯兰教的解释会走向歧途。而他们的中国文化底蕴，却又最能吸引学人，进而错解伊斯兰教。王岱舆精辟地指出了伊斯兰教教理教义中国化过程中的三种错误倾向，这也是各种外来文化中国化过程中的通病，当今社会还存在这些错误。因此先贤刘智在《天方典礼》中形容了他在翻译过程中的审慎态度：“愚不惮烦，每训文解字，必摹对推敲，使两义恰合，然后下笔。”[②]下笔翻译的标准一定要达到儒家与伊斯兰教两义相合，互相都不会歪曲的程度。这才是治学的态度，做“经典”，而非造“垃圾”。

除了上述中国伊斯兰教先贤的翻译原则，接下来就举几个实际例子来表明这些翻译家们的实际操作，即如何在不违背伊斯兰教教理教义的同时又契合中国文化。通常来说，在中国传统文化中，“真”“一”“道”这三个字是儒释道三家常用的三个概念，这可谓是地道的中国传统文化的表达。中国伊斯兰教学者便是借用了这三个字及其内涵，创立了中国伊斯兰教的独特表述方法。“真”字源于“清真”一词，明代以前，“清真”两字只是一个普通的词汇，有时用于雅号、书斋，有时用于道士、道观的称谓，有时也用于佛寺命名。在李白等人的作品中，则是对雅静处所的称呼，如清真烟月楼、清真渊。周邦彦亦有词名清真词。明朝中期以来，中国伊斯兰教学者借用该词称呼伊斯兰教，表示伊斯兰教是“清洁真诚”之

---

① 杨晓春：《论晚明江南穆斯林学者的文化纷争——从王岱舆〈正教真诠〉批评的〈证主默解〉说起》，《南京大学学报（哲学·人文科学·社会科学版）》2005年第1期。

② 梁向明：《“以儒诠经”与“反经异俗”——兼谈回族学者刘智从事汉文译著的时空背景》，《回族研究》2001年第1期。

教，以后则又着重于“真实无妄”的含义，并以此称所崇拜的安拉为“真主”“真宰”，等等，称《古兰经》为“真经”，许多庄严崇奉之处，都用“真”命名。[①]再从“真”的造字本意来看，《说文解字》中形容为“仙人变形而登天也”[②]。《庄子・列御寇》描述“夫免乎外内之刑者，唯真人能之”[③]。从这两个经典的解释中可以看出，“真”字本身就有一种“超越”的意味，这也符合安拉本身的特点，还有一个维度就是信徒也可以产生某种超越性来达到认识真主的目的。再来看“一”。“一”在儒家和道家的学说中，是一个很重要的哲学概念，中国伊斯兰教学者为阐述“真主唯一”的信仰，特别重视“一”的概念，提出“正教贵一”，[④]并将许多重要的宗教思想与“一”联系起来，如称真主为“真一”，“经义通篇，只以一字贯之”[⑤]。“一”字在中国文化里的含义也契合伊斯兰教的教义，《说文解字》中将“一”解释为“惟初太始，道立于一，造分天地，化成万物”[⑥]。《淮南子・诠言训》中认为万物同出于“一”其“所为”不同，因而形成了各不相同的“分物”。[⑦]由此可见，“一”既表示那个天地未分之先的那个本有，也有化生万物之意。这也完全符合伊斯兰教安拉的特点。“道”就更不用说了，不仅是儒家文化的重要概念之一，也被吸收用来解释佛教，更是道家最为核心的哲学范畴。它也同时被中国伊斯兰教学者运用，并被定义为“天理当然之则”，围绕“道”，中国伊斯兰教学者提出了常道、中道、至道、道通、道乘、人道等概念。[⑧]

---

① 任继春:《清真刍议》,《中国宗教》2004年第3期。

② 蔡林波:《形与真:道教“形”论思想阐释》,《四川大学学报（哲学社会科学版)》2015年第5期。

③ 葛荣晋:《“逍遥游”与道商的人生境界》,《学术界》2011年第1期。

④ 丁俊:《中国伊斯兰教“爱国爱教”的理论与实践》,《西北民族大学学报（哲学社会科学版)》2010年第1期。

⑤ 马明良:《伊斯兰教的中国化与“以儒诠经”》,《阿拉伯世界研究》2009年第5期。

⑥ 丁四新:《“数”的哲学观念再论与早期中国的宇宙论数理》,《哲学研究》2020年第6期。

⑦ 王中江:《出土文献与先秦自然宇宙观重审》,《中国社会科学》2013年第5期。

⑧ 王灵桂:《中国伊斯兰教史》，中国友谊出版公司2010年版，第211页。

从以上例子可以看出，“以儒诠经”的伊斯兰教先贤们的用词非常考究，他们的诠释融通两种文化而又不违两种文化的本义，使得在中国文化中成长起来的中国穆斯林也能透过中国文化的范畴而精确了解到伊斯兰教的义理。语言工具在这里已经具备，那么接下来就是如何解释伊斯兰教的哲学内涵与儒伊之间伦理的互通。这也是明清中国伊斯兰教先贤进一步所要思考的问题。

二、用太极生成论来诠释真主创世说

像伊斯兰教那样的一神教往往都有创世说，但这种创世说本身就有一个理论上的内在矛盾。那就是真主不能直接创造世界，但又不能完全与世界无关。由我们的经验不难得知，这个世界是不完美的，战争以及其他灾难频发，人世并不是天堂。但是真主是完美的，是超越一切的，描述真主的时候只能说他不是什么，而不能给予其是什么的定义。如果自身处于完满状态的真主直接创造了一个不完美的世界，那就会造成一种逻辑矛盾，即真主也是不完满的。但如果真主完全不与世界相接触，那会造成世界与真主无关的困局。西方宗教学者用新柏拉图主义的观念解决这一困局，即所谓的“流溢说”，也就是说真主本身是完满的，如同太阳一样，散发的光芒形成了这个世界。这个世界是从其完满的本身“流”出来的，这一行为本身无损真主的完满，就好像阳光无损于太阳本身的明亮。这样就巧妙地形成一个中介，暂时解决了这一问题。明清时期中国穆斯林先贤在此基础上进一步吸收了宋明理学的太极生成论，用以诠释真主创造世界的过程，也使得真主创世说在哲学上更加完备，更能得到儒家知识分子的认同。

中国的穆斯林学者把真主进一步翻译成“真一”。将“真一”的观念与中国传统的太极观念合而为一。也就是说，首先按照伊斯兰哲学的创世说，世界万物均由真主流出，但真主不直接创造世界，而是先流出一种单一的东西。这种东西被称为“原动的精神”或者“第二实在”，真主是不与世界直接发生关系的。流出的这种单一的东西，在中国文化语境下便可以称为“太极”，中国穆斯林学者也将太极形容为真主的“影子”，或者真主播下的“种子”等。太极本身蕴含着形成这个世界的一切可能性，各种各样的理念都在其中。将这个问题解决之后，就可以直接对接宋明理学的太极生成说。刘智等人接受了宋明理学关于太极生成论中所谓万物统一于五行，五行统一于阴阳，阴阳统一于太极，太极本无极的说法，并进而提出在无极之前还有一个“造化之原主”[①]，也就是“真一”。这样一来，中国伊斯兰学者们将“万物非主，唯有真主”[②]的基本信仰与儒家宋明理学的“太极说”巧妙地结合在一起，并将太极降到了真一的从属地位，成为真主与现象世界的媒介。这样就既保持了“真主”公正与单一以及超然的特性，同时又吸收了儒家学说，解决了真主之“一”与现象世界之“多”的矛盾，创造出独特的中国伊斯兰教创世理论，也是对世界伊斯兰教哲学做出的独特贡献。

三、用格物致知的思想达到认主的目的

人与世界，也就是主观认识与客观世界，是一切哲学宗教思想需要阐述的两个维度，儒家思想也不例外。儒家有个重要的理念就是“格物致知”。这个概念也可以从以下两个维度去认识，一是在外在世界的认识和探求中认识其内在规律。二则更为重要，那就是克服物欲去认识自己那个天赋的本性，即《中庸》所谓的“天命之谓性，率性之谓道，修道之谓教”，去返回到那个天命赋予的本来面目。以上解释了儒家的重要概念，也同样是儒家的修养方法，即“格物致知”。在《大学》中则详细论述了“格物致知”的整个步骤和过程。《大学》中认为“大学之道在明明德”而“古之欲明明德于天下者，先治其国，欲治其国者，先齐其家；欲齐其家者，先修其身；欲修其身者，先正其心；欲正其心者，先诚其意；

① 王灵桂：《中国伊斯兰教史》，中国友谊出版公司 2010 年版，第 210 页。

② 兰顿：《伊斯兰的认主独一》，《中国穆斯林》2012 年第 5 期。

欲诚其意者，先致其知，致知在格物。物格而后知至，知至而后意诚，意诚而后心正，心正而后身修，身修而后家齐，家齐而后国治，国治而后天下平”[①]。这也是儒家从自我的修养体认进而成为兼济天下的圣人的整个过程。

中国伊斯兰教如何吸收了这个概念，首先，伊斯兰教本身，前已有述，真主不能直接创造世界，同样也不能像女娲那样直接创造人，因为人同样也是不完美的，人的不完美同样也会影响到真主的完美，那么从真主到人，从人到认识真主，这之间就同样需要一个所谓的“媒介”，人毕竟不同于客观世界，人是物质中带着一点灵性的，是二者的结合体。于是，“格物致知”最终认知到的“明德”，宋明理学称为“天理”，就成了真主与人之间的中介，也成为中国伊斯兰教学者连接中国文化与伊斯兰教认主学之间的桥梁，马注的《清真大学》就是以这个原则论述了中国伊斯兰教的认主学与修身理论。中国伊斯兰教学者将阿拉伯语“伊玛尼”（信仰）翻译为“真赐”，并将儒家的“明德之源”与佛教的“佛性”都纳入其中，[②]王岱舆在《正教真诠》中论述道，“此乃真主之动静，赐之于人者，所以人遂以此所赐，方认得真主确当，故谓之真赐，非受造之有也”[③]，显然在王岱舆那里，“真赐”地位是崇高的。体认真主，其实就是体认真主赐予人们内心的信仰基因，即“真赐”。王岱舆、刘智等人接受了朱熹关于“格物致知”的认识论。朱熹等人强调格物致知的“知”，是所谓的“天理当然之则”，以此作为一种道德修养的方法来规范自己的言行。中国伊斯兰教学者强调的“知”，在于认主，以便达到敬主、畏主、顺主的目的。其中这里的“顺主”，也包括了要顺从真主的意图去顺从统治者的含义，[④]这里又涉及中国伊斯兰教“二元忠诚”的理论创建，将在后文单

① 皮兰娇：《论〈大学〉的道德修养体系》，《河北青年管理干部学院学报》2006年第2期。

② 秦惠彬：《中国伊斯兰教与传统文化》，中国社会科学出版社1995年版，第114页。

③ 沙宗平：《“以回道包儒道”——〈清真大学〉与〈大学〉之比较》，《“对话：中国传统文化与和谐社会”兰州大学宗教文化研究中心会议论文集》2009年6月。

④ 王灵桂：《中国伊斯兰教史》，中国友谊出版公司2010年版，第210页。

独列出一点论述。

四、用儒家伦理思想会通伊斯兰教教理

按照逻辑顺序，第一部分介绍了以儒诠经的“工具”，即如何选择中国文化的字词来诠释伊斯兰教教理，以达到在不错解伊斯兰教的同时又不歪曲中国文化，使得中国穆斯林通过对中国文化的认知到达通往伊斯兰教的道路。第二部分开始进入教理的诠释，也就是所谓本体论的诠释，诠释真主与世界的关系问题。第三部分则是认识论部分，也就是用中国文化诠释如何认识真主的问题，即伊斯兰教的认主学。现在则要进入儒伊之间伦理的互通，用儒家伦理观诠释伊斯兰教的教理教义。

伦理方面的一致性在很大程度上为儒家文化与伊斯兰教相互会通提供一个基础性的对话平台。二者能够较为顺利地对话，伦理上的互通起了重要作用。王岱舆等学者用中国儒家传统文化的“五常”来阐释伊斯兰教的“五功”。五常之首“仁”就是五功中的“念”，“仁”本身的意思就是人与人、人与天道、人与世界之间的“关系”，通过时时“念”真主达到不忘真主的目的，这就是达到了“仁”的标准。接下来是“礼拜”，“礼拜”通儒家的“礼”。“礼拜”有两个维度，一个维度是拜真主，另一个维度就是拜君亲，这点也是中国伊斯兰教更为强调的理论特点，在最后一部分会详细论述。“礼”在于明白秩序并心怀敬畏，无我而利他，将利己在利他中实现，表现为“礼”。“斋戒”即通五常的“智”，通过对自身世俗欲望的适度约束，人们便容易增长智慧。这一点也是多数宗教哲学思想所倡导的，如佛教也强调斋戒与智慧之间的关系。接着是“课”，穆斯林有义务缴纳天课，将自己一定比例的收入拿出来救济穷苦人民，这一点恰恰也符合儒家文化“利”“义”兼顾的理念，因此是“义”。最后是“朝”，穆斯林在条件允许的前提下要朝觐麦加，这也就是“信”，相当于一种约定。如此一来，儒家文化的仁、义、礼、智、信为内，伊斯兰教的念、礼、斋、课、朝为外，五常成为五功的内在依据，二者互为表里，圆融无碍。

儒家文化中具有普遍性的五种伦理关系，中国伊斯兰教学者称之为“五典”，也就是君臣、父子、夫妇、昆弟、朋友。[①]阿拉伯世界则称为“五成”，即君臣组成国家，父子形成家庭，夫妇组成家室，昆弟成就事业，朋友成就道德。[②]伊斯兰教强调“两世吉庆”，而此世的一切均逃不出这五种关系，儒家恰恰就是强调如何处理好这五种关系，因此这也成了二者可以互通互诠之处。“以儒诠经”早期代表人物王岱舆便注重此方面的会通，提出“人生在世有三大正事，乃顺主也，顺君也、顺亲也。凡违兹三者，则为不忠、不义、不孝矣”[③]。刘智认为，作为一名合格的穆斯林，要行五功以尽天道，行五典以尽人道。天道和人道，都是真主的意志。人道是天道的基础，天道又是人道的根本，二者相互表里，并不是两个东西，而是一体的两个维度。也就是说，刘智在宣讲伊斯兰教宗教功修的同时，并没有忽视中国穆斯林的生活环境——是以中国儒家伦理纲常为主导思想的，有着封建宗法传统的社会。所以他为中国的穆斯林增加了“五典”的修身内容，并称之为“天理当然之则，一定不移之礼”，用中国传统哲学范畴的“天道，人道”来对应宗教“五功”和人伦的“五典”。[④]

五、“二元忠诚”：中国伊斯兰教的理论发展

外来宗教进入中国，由于文化体系不同，必然会有矛盾之处，宗教中国化的关键之一，就是不断地给这些矛盾之处以合理的解释，使之既不违背宗教教理教义，又能适应中国文化，与此同时，这也是个长期的动态过程。佛教传入中国后，与中国文化的主要矛盾就是出世与入世之间的张力，儒家文化主张入世，主张力行忠孝，初传中国的佛教形态则与此相反，于是长期以来被儒家与道教攻击，最终佛教中的菩提心与空性思想与

① 刘智：《天方典礼择要解》卷一《原教》，引自季芳桐：《伊儒会通研究》，宁夏人民出版社2015年版，第93页。

② 季芳桐：《伊儒会通研究》，宁夏人民出版社2015年版，第94页。

③ 梁向明：《回族“顺主忠君”政治伦理思想简论》，《青海民族研究》2009年第3期。

④ 刘一虹：《回儒对话——天方之经与孔孟之道》，宗教文化出版社2006年版，第147页。

以儒家文化为核心的中国文化体系相融合，形成了在“入世中出世”的中国佛教形态，解决了佛教中国化当中的主要矛盾，并在宋代形成了儒释道相融合的中国文化体系。伊斯兰教在其源文化体系中是政教合一的，“认主独一”在这种文化体系中是合理且自然的。但中国文化强调对皇权与国家的“忠”，如此一来，伊斯兰教进入中国以后，主要矛盾便显现出来，即如何在不歪曲两种文化的基础上协调真主和皇权二者之间的权威性。

中国伊斯兰教学者智慧而合理地解决了这一问题，他们以《古兰经》中“信道的人们啊，你们当服从真主，应当服从使者和你们中的主事人”（4：59）[①]等相关内容为理论依据而进行再诠释，实现了既忠于君主又忠于真主的“二元忠诚”，将伊斯兰教从政教合一的藩篱中解脱，回归其本身导人向善的伦理性与深刻思辨的宗教哲学性，很好地协调了认主独一与皇权独大之间的矛盾，实现了中国穆斯林从文化认同向国家认同的转变。马注认为君主作为真主的化身，是在“代主宣化”，并管理天地万物。是天下子民之父，不忠君就是背主，即“人极之贵，莫尊于君。君者，所以代主宣化，摄理乾坤万物，各得其所”[②]。“命曰天子，天之子民之父也。三纲由兹而立，五伦由此而立。”[③]如此一来，既符合伊斯兰教的教理教义，又合理安顿了中国文化的方方面面，中国穆斯林忠于皇帝也有了理论依据。王岱舆认为同时忠于真主和忠于皇帝并不矛盾，进而形成了中国伊斯兰教著名的“真忠正道”的理念，所谓“忠于真主，更忠于君父，方为正道，因其源清，而无不清矣”[④]。也就是说，那些在宗教信仰上三心二意的人，在世俗中也不会真正纯粹地忠于君主。“人但顺主、赞主、拜主、感主恩而不能忠君、赞圣、孝亲、济人者，则前事亦未足为功。”[⑤]王岱舆认为无论是修身养性，还是处理君臣、父子、夫妇、朋友等社会关系，都

① 梁向明：《回族“顺主忠君”政治伦理思想简论》，《青海民族研究》2009 年第 3 期。

② 同上。

③ 王灵桂：《中国伊斯兰教史》，中国友谊出版公司 2010 年版，第 213 页。

④ 季芳桐：《伊儒会通研究》，宁夏人民出版社 2015 年版，第 2—3 页。

⑤ 金刚：《“回儒”会通伊斯兰教和儒家学说刍议》，《孔子研究》2018 年第 2 期。

要以“真忠”为根本，否则便不是一个合格的穆斯林，是不完满的。其“真忠正道”的思想，是中国穆斯林始终和祖国保持一致思想认识的基础；是数百年间，中国穆斯林和其他各族人民紧密团结且相互依存的民族关系在理论上的积淀和升华，对维护祖国统一和民族团结具有重要的现实意义，[①]同时也为世界伊斯兰教的发展做出了重要贡献。

第五节 “以儒诠经”的社会影响与当代启示

“以儒诠经”学术运动挽救了中国伊斯兰教的危局，使得中国伊斯兰教文化真正成了中华文化共同体的有机组成部分，也使得中国穆斯林成了中华民族共同体的有机组成部分，弥合了二者鸿沟，在当时产生了较大的社会影响。

一、在当时所产生的社会影响

（一）引起了中国儒家主流社会的认同和共鸣

前已有述，中国伊斯兰教在明清出现了发展危机，伊斯兰教的发展有了保守固化的倾向，具体表现为伊斯兰教的哲学内涵由于长期没有汉译而几近丢失在历史的洪流中，中国伊斯兰教渐渐变成了一种习俗。这导致了中国伊斯兰教不被中国儒家主流社会所了解，形成了文化间的鸿沟，甚至对伊斯兰教产生了越来越深的偏见与误解，中国文化与伊斯兰教文化之间一度陷入矛盾隔阂。文化的隔阂进而导致了民族之间的隔阂。此时中国伊斯兰教先贤发起了“以儒诠经”学术运动，引起了部分中国儒家主流社会的官员和学者的认同与共鸣，儒家对此做出积极回应。

与王岱舆同时代的儒士何汉敬对王岱舆所阐述的伊斯兰教教理给予了高度评价。他首先赞扬了儒学及其创始人孔子，称儒学“惟精惟一，不偏不倚，所以生命伦常之道立，而其教遂亘古而弗衰”，把儒家摆在了第

① 王灵桂:《中国伊斯兰教史》，中国友谊出版公司 2010 年版，第 212 页。

一位，肯定了只有儒家中庸之道可以长久不衰。与此同时他又不甚客观地贬低佛道教为“蝇声蛙噪耳”，最后肯定了伊斯兰教与儒家的会通与契合，认为“独清真一教，其说本于天，而理宗于一，与吾儒大相表里。……其教亦不废君臣、父子、夫妇、昆弟、朋友之序，而洁己好施，更广吾儒所不足……且立说平易，不事玄诞，与道释两家，绝为霄壤，较之吾儒性理一书，同而异，异而同，亦在所不讳”[①]。也就是说，伊斯兰教不仅与儒学高度契合，且“洁己好施”这个特点还是儒家所不足的，值得儒家学习。他对中国伊斯兰教的整体评价着实不低。刘智的学术著作在儒家士大夫中引起了更大的反响，受到人们青睐。如杨斐菉在《天方典礼》一书问世时称赞说，“数十百年来未明之礼，于斯较著。上可报我皇上抚绥之恩，下可以为人心检束之范。刘子之功，于是大矣”，中国伊斯兰教的阐明可以下化百姓，对上尽忠，“中华好事者，见天方语言、文字茫然捍格，疑其礼有惊世骇俗、诡异而不近情者”，在未了解伊斯兰教之前，大家总觉得伊斯兰教文字不同，便怀有戒备怀疑之心。但读了此书以后，便“化诡异之疑，与经典相为持盾，同归彬雅”[②]，消除了这种怀疑。清康熙时，礼部侍郎徐元正在《天方性理》序中说：“西方圣人创之于前，群贤宿学传之于后；白门刘子汉译以授中国，中国将于是书，复窥见尧舜禹汤、文武周孔之道。则是书之作也，虽以阐发天方，实以广大吾儒。”[③]这是说，刘智将伊斯兰教翻译之后，大家从中看到的是儒家文化的精华，中国伊斯兰教阐发的是伊斯兰教的道理，同时也是在印证儒学。

当代新儒家的代表人物之一，北京大学杜维明先生也对当时的“以儒诠经”学术运动给予了积极评价。他说:“作为一个儒家学者，我觉得王岱舆对儒家不仅没有曲解，还有很多独到的洞见”“当时刘智这些人物已经能够通过他们的诠释实践，用古代汉语并通过对宋明儒学的理解，把伊

① 马明良:《“以儒诠经”活动及其对当代文明对话的启示意义》,《回族研究》2005年第4期。

② 同上。

③ 季芳桐:《伊儒会通研究》，宁夏人民出版社2015年版，第106页。

斯兰教的经义陈述出来。而且刘智对宋明儒学的理解是，所有宋明儒学，从周敦颐、张载、二程到朱熹所讲的都是对的，都是可以接受的，也都是作为一个中国伊斯兰教徒的传统……”①杜维明先生还将利玛窦的天主教中国化与伊斯兰教中国化进行比较，阐明了天主教中国化没有特别成功的原因，他认为：“事实上利玛窦的策略是要彻底解构宋明儒学的基本信念（即我所理解的宋明儒学的基本信念是纯有的连续，从草木瓦石到人和神灵都是一气贯穿的），利玛窦要把这个结构彻底打破，使得儒家学者回到先秦，回到‘天’，回到上帝，因为只有回到先秦才能把基督教所认为的超越而外在的上帝这个概念带进儒家的论说。”②也就是说，天主教在和儒学的对话中采取了一种强硬态度，并没有接受宋明儒学，而是要比附商代那个人格化的无常的“天”，将上帝的概念强硬地引入，这样做必然会失败。“这就使王岱舆和刘智的理论显得非常有价值……他（王岱舆）把整个宋明儒学当作是自家的学问……到了刘智，他把那时所有儒家的资源都消化接受，其基本立场是我并不要改变你原来的信仰议程，但是我要用另外一套论说使你相信我的理念；我完全接受儒家的学说，但我认为你还有一见未达。”③也就是说，杜维明先生认为王岱舆、刘智等人的智慧在于以其深厚的儒伊文化底蕴作为基础，接纳宋明儒学，并进而提出伊斯兰教可以补充儒学所没有的“超验”的部分。

（二）加深了中国穆斯林的文化认同与国家认同

“以儒诠经”学术运动首先是消除了中华文化与伊斯兰教的隔阂，中国主流社会渐渐明白了伊斯兰教并不会危及儒家，而且可以和儒家进行全方位的无碍会通。还有一点就是从中国穆斯林的角度来说，当他们看到了“以儒诠经”的著作之后，认为中华文化不仅不会伤害伊斯兰教的教理教义，反而可以相互印证会通，二者丝毫不相违背，这样一来就加深了中国

① 杜维明：《文明对话的发展及其世界意义》，《回族研究》2003 年第 3 期。

② 同上。

③ 同上。

穆斯林的中华文化认同，并促进了国家认同。

从唐代伊斯兰教初传中国，到明末，已有千年之久。普通中国穆斯林在日常生活中已经惯用汉语汉文，祖先源文化的阿拉伯语和波斯语渐渐失去其所生存的语境，也就是说中国穆斯林基本不知道阿拉伯语和波斯语的语言内涵，这一点前已有述。与之形成鲜明对比的是，中国穆斯林在宗教生活中，在宗教的著述、传承中却一直不肯使用汉语，认为伊斯兰教的经典和教义只能用阿拉伯语和波斯语表述，用汉语表述便会走样、失真，甚至会丧失神圣性。这种趋势带来的结果就是伊斯兰教渐渐变成了一种文化习俗般的存在，从而失去了哲学内涵。因此王岱舆等人的“以儒诠经”学术运动可谓是伊斯兰教中国化的“破冰之旅”，打破了这种矛盾局面，当他们的汉文译著传播开以后，中国穆斯林渐渐觉得用汉语汉文翻译表达伊斯兰教经典和教义不仅可行而且相得益彰，汉语的丰富博大与意境优雅，在准确表达伊斯兰教教理教义的同时还能使中国伊斯兰教更加富有文采。王岱舆等人创立了一套“汉克塔布”[①]话语体系，这种话语体系既保留了伊斯兰文明的内核，又适应了中国人的语言习惯、思维习惯和汉文化的叙述特点，易于为生活在汉文化环境中的中国穆斯林所接受。[②]

清同治十年（1871），左宗棠在给朝廷的奏折中提到了刘智著作在中国西北穆斯林中的流传情况：“其书有《天经》一部，回族称为穆罕默德所受之天者；又《天方理性》《天方经典》两部，则明代金陵回人刘智所撰，皆发挥《天经》遗意，以华人文字润色之。其教以识主为宗旨，似儒者所言明心见性；以敬事为工夫，似儒者所言制外养中。”[③]从奏折内容可以看出，当时中国穆斯林普遍学习《古兰经》《天方性理》《天方典礼》三部书，由此可以看出中国穆斯林对“以儒诠经”学术成果的广泛认同。回民善于经商，足迹遍及全国大小城市。回民外出时，往往是人到某处，便

① 汉克塔布”，由“汉”和“克塔布”两部分构成。“汉”指汉文，“克塔布”为阿文音译，意为“经”。连起来意思是“用汉文写成的经”，可见穆斯林把汉文译著当成“经”来看待。

② 马明良：《“以儒诠经”活动及其对当代文明对话的启示意义》，《回族研究》2005年第4期。

③ 左宗棠：《左宗棠全集》第5册，岳麓书社2009年版，第45页。

会将书籍带至某处。书籍是随着贸易人的行走而流通。刘智的著作也正得益于此，流通至全国。[①] 至此，中国伊斯兰教融入中华文化共同体，回族融入了中华民族共同体。中国穆斯林既有身为中华民族、中国人的共性，同时又具备自己独特的民族文化特征。以上论述了“以儒诠经”学术运动在当时的社会影响和重要意义，为宗教中国化积累了宝贵的经验，也为世界伊斯兰教的发展做出了理论上的贡献，对当下的我们也有所启示。

二、对我们当下的启示

（一）中华文化可以作为伊斯兰教信仰的“途径”

“以儒诠经”学术运动说明，伊斯兰文明与中华文明虽属两大文明体系，二者虽有差异，但是这种差异并不是不可逾越的，它们之间有其相通的一面。对不同文化之间的差异性和统一性要保持理性态度。语言文字只是一种工具，并不是限制文化交融的桎梏，以儒家文化为核心的中国传统文化体系完全有能力成为中国穆斯林实践伊斯兰教的“途径”，不同的道路也可以到达同一个终点，这也是一致性和差异性的统一，中华文化成了实践伊斯兰教修养境界的新维度，伊斯兰教也同样延伸和融入了中华文化。

（二）文化的融合并不会消灭彼此，只会让彼此充满生机

中东史学家彭树智先生说过：“根据古今中外不同文明之间的辩证联系的规律，差异性并非必然导致冲突，同一性并非必然导致融合……不同文明之间……是寻找彼此之间的交汇点，而不是一方化掉另一方，更不是一方消灭另一方。”[②]这段点评道出了跨文化传播的真谛。世界上没有哪两种文化之间是完全无关联的，因为文化是人的文化，而人之间又有着内在的一致性，因此不同文化间的交流归根结底取决于人的态度，这是文化交流的可能性。以中国佛教禅宗为例，佛教进入中国之后最终形成了以儒家文化为“途径”，从而达到佛教境界的“禅宗”，打破了入世与出世之间的界限，

① 季芳桐：《伊儒会通研究》，宁夏人民出版社 2015 年版，第 109 页。

② 彭树智：《文明交往论》，陕西人民出版社 2002 年版，第 39 页。

以出世的心做入世的事，成为其重要特点。禅宗的形成并没有使佛教的真谛被中国文化“替代”或“同化”，反而为佛教的发展注入了新的生机，佛教在起源地衰落后，却在中国开枝散叶。同时佛教也使得儒家变得更加深邃、饱满。历史表明，一种宗教或者一种文化，如果走向固化，僵化固守所谓的源头特色，最终只会出现两种结果，要么走向极端主义，要么被历史淘汰。反之，交融与本土化，不断与时俱进，才是保持活力的秘诀。

（三）在文明的对话中要保持严谨的态度，切勿主观草率

前已有述，王岱舆曾批判过当时存在的以儒诠经的三种轻率的方式以及可能造成的不良后果。彭树智先生认为：“文明交往倡导的是不同文明的共存、共处和在平等公平的基础上共同发展，是对不同文明的感性同情、理性探索和深刻理解。理解是打开文明交往门户的钥匙；深刻的理解，可以解开文明交往的深层次之谜。”[①]这里彭树智先生道出了文明交往最关键的钥匙就是“深刻的理解”，那么如何进行“深刻的理解”，如何进行跨文化的研究，中国伊斯兰教“以儒诠经”先贤们为后世做出了榜样。

王岱舆、刘智等先贤对伊斯兰教与中华文化均报以十分严肃和认真的态度，对中华文化的研究花费了巨大的精力，刻苦研读以儒家文化为核心的中华文化体系，努力通达儒释道三家，并虚心向全国饱学之士请教，力求对中华文化有一个全面、深刻、精准的理解。与此同时，他们在对待伊斯兰教的态度也并不因为自己的身份而自大和放松，他们不仅深入研读各种伊斯兰教经典，马德新还实地调研考察周边伊斯兰国家，收集典籍并向当地的学者请教。在将双方文化都研究扎实的基础上，才去进行“以儒诠经”工作，本真地还原双方文化而不扭曲，取得了深远的成就，可谓后世穆斯林的榜样。做不到这一点，所谓的文化交流，要么自说自话，要么攻击他人。

本章最后，以明嘉靖七年（1528）山东济南清真南大寺掌教陈思撰写的《来复铭》原文及分析来结尾，这也是“以儒诠经”学术运动早期的代表作，简短而精练。陈思阿訇出生于儒家文化的故乡山东，对儒伊文化

① 彭树智：《文明交往论》，陕西人民出版社 2002 年版，第 45 页。

都有着深刻了解。全文如下：

> 无极太极，两仪五行，元于无声，始于无形。皇降衷彝，锡命吾人，与生俱生，与形俱形。仁人合道，理器相成。圣愚异禀，予赋维均。是故心为郛廓，性为形体。繇太虚，有天之名；繇气化，有道之名；合虚与气，有性之名；合性与知觉，有心之名。存心与性，以事其天；慎修厥身，以俟此命；主敬穷理，以养此性；戒慎恐惧，以体此道；不愧屋漏，以事此心。斯与造物为徒矣。不尔，天顾畀之，人顾弃之，其将何以复帝者之命？①

短文以“天、道、心、性、理、器”等儒学概念来认识和解读伊斯兰教。《来复铭》延伸了中国哲学，将安拉作为中国哲学一个终极源头，认为在无极太极之前，还有一个无声无形的终极根据，表述为“皇”，《说文解字》解释为“皇，大也。从自。自，始也。始王者，三皇大君也”。②从“皇”字的本意来看，正好可以会通解释安拉。人类社会的伦常秩序与典章制度以及人之为人的性命，都是由之而赐予，人也能复归于“皇”。这里还借用了张载“太虚”的概念，张载认为“太虚”不是身体感官所能直接感触到的，因为它是没有任何具体形态的，但又是确确实实存在的“气”，“气之本体”虽有聚散，却没有生灭。太虚之气是永恒不灭的，是宇宙间唯一真实的存在物。虚与气、仁与人、理与器等文中的这些范畴都是在形容终极实在与人与世界的关系，概念的运用皆不出儒家，是以理学思想阐释“以认主为宗旨，以敬事为功夫，以复命为究竟”的伊斯兰教义。③中国穆斯林通过自己熟悉的语言概念便能准确地了解伊斯兰教，这也是“以儒诠经”所要达到的目的。

---

① 王伟：《〈来复铭〉新解》，《中国穆斯林》2020 年第 2 期。

② 李美清：《舜的神话及舜历史形象的演变》，《贵州文史丛刊》2006 年第 4 期。

③ 韩星：《回儒——伊斯兰教中国化的正道（下）》，《中国穆斯林》2018 年第 2 期。

第四章

近现代以来广大回民群众的“家国情怀”

“以儒诠经”学术运动的完成，解决了两个问题，其一是形成了中国伊斯兰教经学体系，中国伊斯兰教文化成了中华文明的有机组成部分，弥合了两种文化之间的鸿沟，为伊斯兰教中国化的实践积累了宝贵的经验，奠定了深厚坚实的理论基础。其二就是因为文化的融合使得回族真正成为中华民族共同体的有机组成部分。回族与中华民族之间的张力至此被消解掉，在近代以来国家危机与中华民族危亡的紧要关头，中国广大回民群众始终自觉以中华民族的身份去看待自己与审视时局，广大信教群众以“爱国是信仰的一部分”作为自己的信条，为中华民族的独立自强做出了贡献。

中国共产党中央委员会（以下简称中共中央）曾经在《回回民族问题》中明确指出：“在中华民族抗日民族自卫战争的进行中，回族更有它一定的重要地位……它是一个伟大的力量。简单地说，回回地位的重要，就在于没有回族参加抗战建国事业，没有回族参加抗日民族统一战线，那末，抗战建国的最后胜利，是没有保证的。”[①]杰出的中国伊斯兰教学者马坚先生在《回教真相》的译者序中说：“保卫祖国是每个人民的天职，保卫世界和平是每个穆士林的义务。必须我们的祖国不受战争的威胁，我们

① 民族问题研究会：《回回民族问题》，民族出版社 1958 年版，第 104 页。

才得安居乐业，才能安心地从事我们的经济建设和文化建设。”[①]近代以来，不仅仅在抗日战争时期，在各个阶段都有着广大回民群众的贡献。本章继续以鲜活的案例，具体的人物故事，阐明近代以来广大回民群众的“家国情怀”，并且在此过程中他们聚焦于对中国共产党的政治认同的历史过程，这同时也是伊斯兰教中国化发展的新阶段与时代背景下的新特点。

第一节　鸦片战争时的英勇无畏

清末，中国到了国家民族危亡的紧要关头，清政府的腐败与西方列强的不断蚕食，中国的志士仁人在此背景下纷纷站出来探寻救亡之路，各民族作为中华民族的一分子，参与到争取中华民族独立自强的运动之中，中国广大回民群众自然也不例外，“爱国是信仰的一部分”的家园情怀已经融入他们的血液而不可动摇。我们从鸦片战争中回族人民的表现说起，以此展开历史的叙事。

提起“鸦片战争”，我们头脑中第一个闪出的名字可能就是林则徐了，林则徐的禁烟运动影响深远并为我们所熟知。但独木难成林，在林则徐的背后有很多和他志同道合并鼎力支持他的同道中人，有两位中国穆斯林可谓林则徐禁烟运动过程中的“左膀右臂”。其中一位是伍长华，他是中国科举制度历史上第一位回族探花，出生于南京的中国穆斯林世家，而南京也是“以儒诠经”学术运动的策源地之一，由此可知伍长华的学问传承。他自幼生活在儒伊并重的家庭里，同时将儒家经典与伊斯兰教经典视为圣贤学问，其曾祖父伍遵亮同我国清代著名伊斯兰教学者、“以儒诠经”学术运动的领军人物之一、《归真要道》的汉译者伍遵契是同宗叔伯兄弟。道光年间，伍长华任湖北巡抚期间曾与时任湖广总督的林则徐一起，在武昌进行了轰轰烈烈的禁烟运动，可谓虎门销烟的先声。伍林二人本是故交，在禁烟上不谋而合，配合默契，《林则徐日记》道光十八年（1838）

① 马成明：《从马坚理解中国回族知识分子的心史》，《中国穆斯林》2017 年第 4 期。

九月初十日记载：“戊申。晴。早晨赴校场，同抚军率属查验搜缴鸦片烟枪一千七百五十四杆，并烟斗烟具，俱槌碎焚毁。又秤验所获烟土烟膏共一万六千七百六十八两，江夏获者先投江心，汉阳获者暂贮藩库；又在校场考验鸟枪兵丁一百名。午后回署。”[①]这是武昌校场禁烟的事实，比“虎门销烟”还早半年多。此举震动朝廷，两湖兵民山呼，父老称谢。两人还在校场检阅兵丁，显示了湖广地区禁烟的力量和信心。

此后，林则徐受命为钦差大臣前往广州禁烟，他考虑到“初次到粤，人地生疏，一切洋务夷情，不得不先遣一两人密行查访”[②]，于是林则徐在路过安徽时起用了以正直刚强著称的回族军人马辰。马辰治军严格，不阿谀奉承，因而得罪权贵，以莫须有的罪名被革职回籍。林则徐爱惜人才，知其冤屈，便保下了马辰并重新起用。马辰也不负众望，做出了很大贡献。在虎门销烟前期，马辰秘密查访，摸清了英商、汉奸潜通的内外线索，掌握了一批贩毒、纵毒、吸毒犯的姓名、住址及一些鸦片流通的重要情况，并将这些情况秘密派人禀报给正在江西的林则徐，为虎门销烟做好了前期准备。而在虎门销烟之后，英国人大举发动侵华战争，马辰又投入抗击侵略一线的战斗中，其间英国兵船多次进犯，马辰与诸将领协同作战，“旬日之内，大小接仗六次，具系全胜”[③]。林则徐曾赞赏马辰“不独寒奸之心，亦已落顽夷之胆矣”[④]。林则徐被革职后，在极其困难的情况下，马辰又随关天培英勇抗英，为禁烟抗英的事业献出了自己的全部力量。

在抗英一线英勇作战的著名回族将领，他就是郑国鸿。在鸦片战争中，最为惨烈的战役就是浙江的定海战役，清军三位总兵与英国侵略者奋战六昼夜，全部战死沙场，史称“定海三总兵”，其中一位就是已年逾花

① 伍贻业：《清末禁烟又一人——伍长华》，《南京史志》1997年第5期。

② 马肇曾、答振益：《鸦片战争中著名回族抗英将领马辰》，《回族研究》1995年第3期。

③ 同上。

④ 同上。

甲的老将军郑国鸿。郑国鸿年少时聪颖好学，曾赴湖南沅州（今芷江侗族自治县）明山书院就读。他学习非常刻苦，好钻研，非常喜欢且精通文学，气质典雅浪漫，常常吟诵经典。祖上皆行伍出身，他也承袭了这个传统。郑国鸿在读书之余也精于习武且颇有成就，乾隆五十九年（1794）参加沅州乡试，中武举。为官期间，文武双全的郑国鸿也以岳飞的“文臣不爱钱，武臣不惜死”[①]为座右铭来严格要求自己。道光二十一年（1841）的定海战役，在清政府不支援一兵一弹的情况下，郑国鸿老将军苦战数日，终因兵微将寡，弹尽无援，自己又身负重伤而战败。敌人步步逼近，他把官印交给军校，单枪匹马冲入敌群，挥刀连斩数敌，身体受创十余处而壮烈殉国。老将军的气概也震撼了英军，得到了敌人的敬重，英军在日记中写道：“有些汉军军官表现得很英勇，汉军中的郑老将军亲自率领所属和我们军队短兵接战，丝毫不怕从舰上打来落在他身旁的炮弹，炮弹把他打倒，又有人紧接来替他指挥战斗。”[②]之后，道光皇帝赐郑国鸿谥号“忠节”。

第二节　保卫边疆时的大义凛然

帝国主义在肆无忌惮进攻中国东南的同时，也在不停地蚕食中国的西北及东北边疆。曾任民国政府蒙藏委员会委员长的回族政治家马福祥非常重视西北边疆问题，镇守宁夏期间，他曾经巧妙地粉碎了内蒙古的分裂势力，维护了祖国统一。关于西北边疆问题他有很多颇有见地的想法，不仅对当时的时局，对现在也颇有启发意义。他认为在中国历史上，相比于东南地区，历朝历代往往更加重视西北的战略地位，战争也往往来自西北陆路。但近代以来，列强渡海入侵：“全国目光，亦俱亟亟以东南海防为

① 《宋史·岳飞传》。

② 马寿千：《鸦片战争中的回族英烈》，《北京政协》1997 年第 11 期。

优。西北延长数万里之国防，几于无人过问矣。”[①]鸦片战争后，中国的东南门被打开，人们的视野重心又都放在了东南而渐渐忽略了西北，因此马福祥急切呼吁国人重视西北边防，重视对蒙藏地区的经营。他认为治理西北应该着眼于长远，治理蒙藏地区最有效可行的办法就是发展经济和文化教育，新疆问题应与蒙藏问题处在同等位置。新疆维吾尔族与甘肃撒拉族的人数不少，教育落后程度甚于蒙藏。这在当时无疑是先见之明。在具体措施上，马福祥也有很多长远的想法，他认为应“开发内蒙各地之地利，建设内蒙各处之交通，启发内蒙各部之教育，简练内蒙之军队，收拾内蒙之人心……若我能开发内蒙，使之日兴月盛，外蒙观感所及，有不幡然来归者乎？”[②]为加强西藏对祖国的向心力，马福祥认为，从长远考虑，必须修筑高原铁路，他提醒道：“交通之权，操于人手，设一旦英人与我龃龉，或竟不幸而至于开战，则彼之师旅可以长驱直进，不十数日而直抵拉萨，我则跋涉长途，日数十里，劳逸之势，胜负之分，固不待智者而始决也。”[③]此工程虽然耗费巨大，但“况国防重要又不可纯以经济眼光测之耶”[④]。马福祥最看重文化教育，尤其是民族教育。在镇守宁夏期间，他主张在各县设立劝学所，倡导青少年进学校接受教育，还带头捐资筹款在宁夏创办蒙回师范学校，并先后在宁夏及甘肃各地分别捐建清真小学60余所，捐资创办了宁夏地区第一所公共图书馆和讲文论武馆，资助了一大批回族青年到国内外高等学府深造，为现代回族文化教育事业做出了巨大贡献。[⑤]由此可见一位回族政治家对边疆问题的洞见与贡献。此外在边疆抗击帝国主义的具体事件上，也依然活跃着中国穆斯林们坚定的身影。

① 谢海涛、丁明俊：《马福祥与清末及民国时期的蒙藏边疆治理》，《黑龙江民族丛刊》2012年第2期。

② 同上。

③ 同上。

④ 丁明俊：《马福祥民族思想探析》，《回族研究》1996年第3期。

⑤ 丁明俊：《论马福祥在现代回族文化教育史上的地位》，《回族研究》1998年第4期。

鸦片战争后，清政府为了筹措军饷，下令“准许各地广为开采，以助饷项”[①]，鼓励各族百姓在新疆开采矿山。甘肃回民徐天尧、安玉贤等人于是来到新疆塔城雅尔噶图金矿以采金为生，雅尔噶图在塔城西南，距中俄边界不远，属中国领土。但金矿开采不久即被沙俄觊觎，沙俄无赖诈称该山为俄国属下哈萨克地方，要求清政府禁止回民前往淘金，否则将危及两国友好关系。这也是帝国主义侵略中国的惯用伎俩。塔城地方官明知“该山是塔尔巴哈台每年春秋应祭之所”，无疑属于中国，却以“现获金沙不旺”为由，撤回在该处淘金的中国回民。[②]但徐天尧、安玉贤等矿工认为中国人在自己的国家开采金矿，外人无权干涉，于是继续开采。终于，咸丰四年（1854）二月，俄国驻塔城领事塔塔林诺夫无视中国主权，率领二百余人，蹿至雅尔噶图金矿，强行驱散矿工，接着又采用其野蛮的烟熏、枪杀、绳捆投河等手段，先后杀死我国各族矿工二百余人。[③]三四月间，清政府确实派兵来到雅尔噶图金矿，但不是为矿工们申冤来的，而是再次驱赶矿工，不许他们在此生产劳动。徐天尧、安玉贤等矿工们对清官兵说：“小的看俄罗斯之意，有暗占我国疆土，小的等俱系天朝黎民，犯法既死，情所甘心，但不惧怕俄罗斯。”[④]一句“俱系天朝黎民”，展现了埋藏在他们心中深厚的家国情怀。此后，矿工们又选出徐天尧、安玉贤等人为领袖，抬尸前往塔城，聚于专管塔城通商事务的章京萨碧屯的官署前示威请愿。但清政府官员不但不予理睬，甚至帮助沙俄镇压爱国矿工。于是，在徐天尧、安玉贤等人的带领下，五六百名回族、汉族等各族矿工愤而放火烧毁了沙俄在塔城的贸易货场，五十一间栈房及所积货物被焚烧殆尽，俄国驻塔城领事塔塔林诺夫及贸易圈的商人逃离塔城。

沙俄除了蚕食我国西北边疆，同时也垂涎我国东北地区的矿产资源，

---

① 蔡颖：《近代新疆各族人民的反侵略斗争》，《新疆地方志通讯》1984 年第 3 期。

② 李恭忠：《1855—1858 年中俄塔城事件之交涉》，《中国边疆史地研究》2006 年第 3 期。

③ 蔡颖：《近代新疆各族人民的反侵略斗争》，《新疆地方志通讯》1984 年第 3 期。

④ 兰永江：《火烧塔城沙俄贸易圈事件浅析》，《新疆教育学院学报》1997 年第 1 期。

那里同样有回族人民为国争利的身影。马六舟、字纶三，是四川成都的回民，清末副贡。清朝末年跟随著名的有着革命思想的封疆大吏程德全赴黑龙江任职，成为程德全的得力助手。当时，沙俄觊觎我国东北的矿产资源，尤其是金矿资源，于是先后攻占瑷珲、呼伦贝尔等地，而后兵临卜奎城并欲屠城，卜奎城就是现在的齐齐哈尔。在危急关头，马六舟和程德全被众人推举与沙俄交涉。在敌人准备炮击卜奎城的紧急关头，马六舟毅然用身体挡住了俄军的炮口，大义凛然之举不仅保全了全城的百姓，也赢得了敌军的敬佩，令其折服。为此，俄军还赠送马六舟一个上面刻有年月字样、可盛一两酒的雕花银鱼小酒盅作为纪念。以上就是马六舟任职黑龙江期间的标志性功绩之一，马六舟不仅有勇，亦不乏谋略，是一位智勇双全的人才。清末，黑龙江匪患严重，马六舟曾平定呼兰、木兰、巴彦一带的匪乱，使得百姓能在乱世得到一时的安定。任职期间，马六舟还创办朝阳煤矿，把洋务运动“实业救国”的维新思想在黑龙江付诸实践，成为开发黑龙江省矿产资源的先驱之一。之后，他还运用自身杰出的外交智慧，收回了被沙俄占领的都鲁河金矿与观音山金矿。时任黑龙江将军的程德全对马六舟极为赏识且评价很高：“论外交，则矿政收回，主权不致旁落；论内政，则盗踪销灭，地方赖以义安。”[①] 马六舟以过人的勇气和智慧为祖国挽回了损失，维护了国家的主权和尊严。与此同时，马六舟也没有忘记当地回民的贫穷落后情况，从教育抓起，提高当地回民群众的整体素养。当时齐齐哈尔回民只有五百多户，大多是各地起义回民流散此地的后人。这里流传着一句俗语，虽然有些讽刺意味，但也反映了回民的总体状况：“‘穷回回，两把刀’，即一手卖牛羊，一手卖切糕。”[②] 这从侧面反映了当时回民整体的落后情况。于是在马六舟的倡导下，人们于 1907 年 3 月 1 日在齐齐哈尔创立了清真两级小学，这比当时王宽阿訇创办的著名的“京师私立清真第一两级小学堂”还要早一年。马六舟出任第一任校长，这所学校

① 朱国权：《马六舟在黑龙江》，《回族研究》1993 年第 2 期。

② 张超：《清末回族爱国者实业家马六舟传略》，《齐齐哈尔社会科学》1988 年第 5 期。

的社会影响力很大，经黑龙江将军程德全奏请光绪皇帝，赐马六舟“急公好义”匾额一方，以示褒扬。

第三节　辛亥革命前后的奋勇当先

清末，中国处于全面崩溃的边缘，西方列强对中国的蚕食渗透到中国的方方面面，清政府为了维持和支撑残局，几乎成了列强在华的代言人，与民众的矛盾越来越尖锐，被孙中山称为辛亥革命先导的由四川发起的清末“保路运动”，为清政府的腐朽统治敲响了丧钟。1904 年，四川总督锡良奏准设立“官办川汉铁路公司”，开始筹划建设横贯四川东西的川汉铁路，由于政府资金不足，于是向社会募集资金。清政府承诺，铁路修好后将管理运营权交给投资的股东。入股的有绅士、商人、地主还有农民，而且农民购买的股份占很大比例。铁路于 1909 年 10 月 12 日开工修建，总工程师为詹天佑。1911 年 4 月，清政府向英法德美四国银行团申请借款，用于镇压各地的革命党起义。列强提出用正在修建的川汉铁路以及情况相同的粤汉铁路管理运营权作为抵押，清政府同意并宣布“铁路国有”，将已归商办的川汉、粤汉铁路收归国有并卖给列强，却没有退还补偿先前民间资本的投入。因此招致了四川各阶层，尤其是广大城乡劳动人民的反对，于是掀起了轰轰烈烈的“保路运动”。此时的清政府为了维护自身风雨飘摇的腐朽统治而压榨百姓，讨好西方列强，镇压先进思想，不断出卖主权，天怒人怨已濒临崩溃。四川穆斯林群众在第一时间参与这次运动，在认清清政府面目的同时使得革命思想得以觉醒，成为中国革命的先锋。成都回民群众在苏元泰等人的倡议下组建了“成都清真保路同志协会”，大家提出了一个具有中华民族共同体内涵的口号，即“吾等清真回民亦国民之一分子”，[①] 也就是说中国穆斯林首先是国民，表示愿以“心腹

① 杨志平：《近代回族报刊对民主革命思想的传播及其影响》，《西北民族大学学报（哲学社会科学版）》2009 年第 4 期。

之诚”支持四川保路同志会，希望四川各民族的保路运动应该互相支持，拧成一股绳，攥成一个拳头。在他们的影响和号召下，四川各地穆斯林群众热血沸腾，相继成立清真保路同志协会二十余处，社会各界也为之感动和振奋，赞誉为“清真同志之爱国热”。[①]大家与前来镇压的清军展开激烈战斗，在保路运动中死难的中国穆斯林烈士达十余人，这场爱国运动由四川开始，最终燃遍了全国，为清政府敲响了丧钟，也为随之而来的辛亥革命点燃了引信，创造了极为有利的客观条件。

保路运动点燃了全国革命的热潮，辛亥革命也顺应这个历史潮流而爆发。1911 年 10 月 10 日爆发了被称为打响辛亥革命第一枪的武昌起义，正式敲响了清王朝腐朽统治的丧钟。回族进步人士以及广大回民群众也参与到这场寻找中国出路的革命之中，在起义的酝酿、发动等环节做出了重要贡献。代表人物有沙金海、邹森青、马骥云等人，他们均是清朝新军中具有革命思想的进步人士，成为中国革命的先锋。1913 年邓玉麟的《致北京稽勋局公函》中，马骥云、沙金海等人均在辛亥革命首义有功人员甲种名单之内，成为甲种 136 名有功人员之一。此外，当地的广大回民群众在此次辛亥革命首义中也进行有力支援、配合起义并由于地理位置较近而率先占领了城门，对革命的成功做出了贡献，“起义街清真寺”便是武昌首义的历史纪念。

辛亥革命的领导组织是同盟会，前述参与武昌起义的新军进步人士中即有人是同盟会湖北分会的成员。其实，在 1905 年 8 月 20 日，孙中山在东京正式成立同盟会的时候，最初的加入者中即有刘庆恩、龚选廉等一批回族成员。刘庆恩更是在孙中山就任中华民国临时大总统后，被委任为汉阳兵工厂总办，并于 1914 年试制成功五连发自动步枪和第一尊远程大炮，被誉为中国半自动步枪之父。1907 年，国内 14 省留学日本的 36 名回族青年学生成立了“留东清真教育会”，并出版了著名会刊《醒回篇》，

① 杨志平:《近代回族报刊对民主革命思想的传播及其影响》,《西北民族大学学报（哲学社会科学版）》2009 年第 4 期。

虽然只出了一期，但影响很大，其中三篇谈教育，六篇谈宗教，一篇谈民族。将中国穆斯林放在国家命运前途的视野下审视，体现了当时回族先进知识分子的思想前沿。《醒回篇》指出了当时中国穆斯林内部存在的一些问题：有所谓“争教不争国”[①]的思想，甚至认为阿拉伯才是自己的祖国和家乡，这些消极的思想认为宗教源文化的认同高于一切，将国家认同放在了后面，认为宗教信仰最重要，并没有将宗教信仰放在国家和中华民族的整体视野下审视，这是一种危险的思想。《醒回篇》对这些思想做出反思，认为“回族与中国之关系‘非居留于中国之外国人可比’，不能‘自弃自外……而自失其固有之国籍，以退居于无国民责任之列也’”[②]。也就是说，持那种观点的人其实没有分清一个概念，那就是此时的回族已经不是唐代时候留居中国的外国穆斯林了，此时的回族已经是中华民族共同体的有机组成部分，这种变化是他们所忽略的。接着文章又指出了此种认知的偏差其实关乎回族的切身利益，他们并不能因此而独善其身。回族与中国其他民族虽然文化特点不同，但都是中国人，中国的强盛衰弱与每个国民都有直接的关系，“例如甲午战败，庚子再创，外国人之入我国中者未闻为我区别曰：某也满，某也汉，某也回，某也蒙，而惟肆行杀戮，同归一尽。盖同国如同舟也，乘组员之种类，无论其为黄为白，至于舟坏覆没，则其被难一也”[③]。这里说得很明白了，回族如今首先是中国人，只不过是有着不同文化特点的中国人，他们与国家的总体利益息息相关。西方列强要灭中国的时候，不会因为你是回民就放过你，大家同坐在中国、中华民族这一条船上，同舟共济。所以，“乃欲唤起回教同人，当知回教与中国之关

① 华涛、翟桂叶：《民国时期的“回族界说”与中国共产党〈回回民族问题〉的理论意义》，《民族研究》2012 年第 1 期。

② 李健彪：《从〈醒回篇〉看近代回族资产阶级知识分子的思想特征》，《西北民族学院学报（哲学社会科学版）》1994 年第 4 期。

③ 杨志平：《近代回族报刊对民主革命思想的传播及其影响》，《西北民族大学学报（哲学社会科学版）》2009 年第 4 期。

系，发奋兴起，实力担负中国国民之责任云尔”，[①]要“化除种族之界，化除宗教之界，化除疆域之界，合四百兆人之脑髓而为一大知识，合四百兆人之资产而为一大经济，合四百兆人之体力而为一大陆军”。[②]让广大回民群众明白自己和中国、中华民族之间的关系，首先担起作为国民的责任，全国应该消除种族、宗教、地区之间的隔阂，心往一处想，劲往一处使，既是为了国家，归根结底也是为了自己的幸福。《醒回篇》的这些思想直接为孙中山先生的“五族共和”提供了理论上的给养。

说起孙中山先生，他本身对伊斯兰教的接触并不多，却与中国著名的穆斯林学者王宽阿訇结下了一段不同寻常的缘分，王宽阿訇也以自身的威望直接支持了孙中山等人新建的“中华民国”。“中华民国”建立以后，中国仍然是军阀割据的整体局面，甘肃总督升允以共和政体不适合中国，且有害于伊斯兰教等为理由而反对共和，准备鼓动西北地区军事力量出兵勤王，军队出动并抵达咸阳，而且他们背后有俄国和英国的影子，关系错综复杂。于是，政府找到了当时著名的中国穆斯林学者王宽阿訇出面劝导。王宽知道其中的利害关系到国家安危，立刻起草电文给带兵到咸阳的甘肃提督马安良，对其晓之以理，择要如下：“共和成立，五族平等，信仰自由，无妨教典。……共和政体，决无妨害吾教，请勿中奸人谣言之诡计。……兄执西北军机牛耳，处此潮流激荡、民情鼎沸之世，共和元勋、民族英雄、宗教伟人，只一反掌耳……敬希急速停进，通电诩赞共和，福被群生，名垂永世，岂只国家之幸，是亦回教之福也。”[③]这个劝说电文看似是以对方的利益为立足点，其实内容层次分明，始终把国家的利益放在第一位，强调只有国家安稳，民族才能安稳，宗教信仰才能安稳，爱国是前提，否则中国穆斯林群众绝不能独善其身。这份电文起到了重要作用，

① 白贵、金强：《回族新文化运动与回族报刊之互动关系》，《江苏大学学报（社会科学版）》2010 年第 4 期。

② 李健彪：《从〈醒回篇〉看近代回族资产阶级知识分子的思想特征》，《西北民族学院学报（哲学社会科学版）》1994 年第 4 期。

③ 余振贵：《中国历代政权与伊斯兰教》，宁夏人民出版社 1996 年版，第 283 页。

西北方面随即退兵并且通电赞同共和。此举也受到了孙中山先生的敬重，1912年，孙中山在北京见到了王宽阿訇，并发表了著名的讲话："回族在中国历代所受压迫最甚，痛苦最多，而革命性亦最强。故今后宜从事于回民之唤起，使加入民族解放之革命运动……苟能唤起回民之觉悟，将使革命前途得一绝大之保障。"①

第四节　五四运动前后的时代担当

孙中山先生解决了国家的体制问题，但未能解决军事领导权的归属问题，因此辛亥革命没有能够彻底进行，全国的危局依然存在，军阀割据、各自为政，袁世凯、北洋军阀倒行逆施。有识之士们继续探寻中国革命之路，知识分子们开始以笔为枪，兴起办报风潮，拿起笔杆子抨击当时的反动政权，中国回族知识分子当然在此时也没有缺席。接下来介绍两位弃医从文的回族知识分子、著名报人——丁竹园与丁宝臣兄弟。兄弟二人自幼跟随叔父学医，继承了穆斯林善医的传统。学成之后悬壶济世，他们的医学造诣非同一般，可谓当时的中医名家，但他们为祖国的命运而担忧，于是抛弃了自己安稳富足的生活，和孙中山先生、鲁迅先生做出了同样的选择——弃医从文，献身革命，以文笔为武器来批判时政。

兄弟俩均是北京人，先来说兄长丁竹园，精于中医，20岁的时候去天津行医，创办了"敬慎医室"，并且研制出了"丁制坤顺丹""舒肝平安丸"等10多种中成药，写出了《说疫》《沧痢捷要》等医学专著，为医药事业的发展做出了贡献。他在天津医药界享有很高的声誉，可谓名医，后来对辛亥革命后的中国前途依然未卜而感到悲愤，于是在"以医济人"的同时"以言济世"，即以笔为枪，针砭时弊，抨击邪恶，以期唤醒民众，震慑反动势力。1907年，丁竹园自己又创办了《竹园白话报》，后改称《天津竹园报》。此外，他还在其弟丁宝臣的《正宗爱国报》上发声立

① 余振贵:《中国历代政权与伊斯兰教》，宁夏人民出版社1996年版，第283页。

言。丁竹园认为：“目下，国基初定，外患频来，凡我清真教人，宜速联络，或投身军界，或捐助军饷，为国家出力边疆，折冲御侮。保国即是保教，爱国即是爱身。在中国清真教的人，奉的是清真教，可全是中国的国民……能把国家维持得强盛了，教门一定亦跟着发达。既是中国人，就当同心努力地维护我们国家大事。没了国，还能保得住教吗？”[①]其中著名的一句话就是“保国即是保教，爱国即是爱身”。丁竹园的立意还是劝说中国穆斯林在思想上要明白国家、民族与宗教的关系，没有国家的稳定，其他都保不住，中国穆斯林先是中国人，其次才谈得上民族和宗教。

此外，丁竹园还非常重视中国穆斯林对中华文化的学习以及社会生活。前已有述，明清时期中国伊斯兰教学者完成了“以儒诠经”的重要历史任务，当时的背景是中国伊斯兰教的整体发展陷入了困境，内部人才匮乏，外部误解加深。这就在客观上导致了中国穆斯林与中华文化之间的隔阂与张力，以至于出现了“回民读书即变教”[②]的反智思想，认为抵制中华文化就是维护宗教信仰。丁竹园认为应当重视教育，关注现实生活，促进自身的发展：“念书最能兴扬教门，不念书最能败坏教门”“清真教的诸君，以后务必多多提倡教育，提倡实业，但求教育与实业日见发达，宗教亦就自然地光荣了”[③]“千万在生计上多多的注意，空谈宗教，那是靠不住的”[④]。也就是说，宗教本身的发展不是孤立的事情，是与中华文化的学习，与中国穆斯林的经济发展等因素息息相关的，不是说排斥一切，整天念经就是发展宗教。因此，丁竹园为了提高中国穆斯林群众的整体文化水平而大力提倡白话文，用白话文撰写文章，以适于文化程度较低的中国穆斯林群众学习。他也因此而成为当时白话文运动的先驱者之一。

① 张怀武：《近现代回族爱国斗争史话》，宁夏人民出版社1996年版，第60页。

② 马艾、霍维洮：《近代回族文化团体与回族社会转型——以“留东清真教育会”为例》，《回族研究》2012年第4期。

③ 丁宏：《丁竹园与〈园竹丛话〉》，《回族研究》1991年第4期。

④ 马寿千：《辛亥革命时期回族资产阶级先进分子对待民族、宗教问题的态度》，《中国穆斯林》1981年第2期。

丁竹园论述了国家、民族、宗教的关系，论述了中华文化以及社会生活的重要性，接着还说了民族关系的重要性。他认为“中国欲自立，非通国的人民，结合团体不可”，而“最要紧的，是先要化除界限，不必分满汉，亦不必分回汉。只要是中国的人，你就算沾中国的水土之恩，就应当掏出忠心来，保卫国家。若是各分畛域，岂不是自灭势力吗？”[①]如果大家各自为政，相互隔阂的话，抵消的是整个中国的力量，最终消灭的还是自己的民族。丁竹园有一个非常厉害而细腻的思想就是反对“排满”思想，他分得很清楚，认为“满汉本不当分”，要反对的是清朝的腐朽统治与政权，而非全部满人，因为“颠连困苦的穷旗人，仍居大多数”。[②]劝导大家分清穷旗人与清统治阶级的本质区别，了解到大多数满族人都是受压迫的阶级，不应当不加分析地同样对待。如此见解，实在是难能可贵。

弟弟丁宝臣则在对中国前途命运的探索中献出了宝贵生命。他在北京创办《正宗爱国报》，开创了中国回族知识分子办报的先河。这份报纸也符合其兄倡导白话、面向大众的宗旨，所有报道、评论等都是以百姓日常口语的形式撰写，行文幽默，穿插北京方言，接地气，可读性很强。报纸以宣传爱国思想，宣扬民主，启蒙民众，力图挽救民族危机为己任。办报的宗旨是呼唤四万万“黄脸面黑头发”的人民“痛痒相关，彼此相顾，同心协力，共谋同种的幸福，以国土为性命，人人发出一团热力爱国如命”以“保卫中华……万万年”。[③]这其实和其兄所倡导的“保国即是保教，爱国即是爱身”是一致的。《正宗爱国报》还犀利报道北洋政府及袁世凯的所作所为，记录报道了袁世凯窃取革命果实并走向复辟的全过程。丁宝臣还撰写《大呼我国同胞》等一系列评价袁世凯历史倒退的文章，成为袁世凯的眼中钉。1912 年袁世凯当局刺杀宋教仁后，新闻界本着“铁肩担道义”的宗旨开始深入报道，不断启发民众，从而招致了反动政府的

① 丁宏:《丁竹园与〈园竹丛话〉》,《回族研究》1991 年第 4 期。

② 同上。

③ 张巨龄、马金宝:《著名爱国报人丁宝臣殉国 100 周年答问》,《回族研究》2013 年第 3 期。

恐惧和忌惮，并展开疯狂报复。1912年北京约有百余家报刊，被清理打击后只剩20家，新闻出版遭受重大打击。面对危机四伏的办报环境，丁宝臣早已做好了思想准备，随时准备献身，《正宗爱国报》第487期“演说”专栏中发表了《死而后已》一文，声讨袁世凯的暴行。1913年7月27日，袁世凯派便衣将正在工作中的丁宝臣抓捕，查封《正宗爱国报》，并于8月19日将丁宝臣杀害于当时的火道口刑场（今宣武门外下斜街），他英勇就义时年仅37岁。丁宝臣在留给妻子的遗书中也表达了自己为求真相死而无憾的悲壮之情，希望自己能启发后人都能以真心爱国。他不愧为后世中国穆斯林的楷模。1913年为农历“癸丑”年，新闻史称“癸丑报灾”，也被认为是20世纪上半叶中国新闻史上最为黑暗的一年。

辛亥革命后的北洋政府实际上仍然是军阀割据的局面，国家进一步衰落，但此时民智渐开，各种先进思想不断传入中国，新生的革命力量正在孕育中，中国革命的前途也一点一点地明朗起来。1919年1月，第一次世界大战中的战胜国在法国巴黎召开所谓的“和平会议”，中国作为第一次世界大战的协约国之一参加了会议。中国代表提出废除外国在中国的势力范围、撤退外国在中国的军队和取消“二十一条”等正义要求。但遭到了列强的无理拒绝，并决定将德国在中国山东的权益转让给日本，这引起了中国人民的激愤。令人难以置信的是，北洋政府竟准备在“协约和参战各国对德和约”上签字，从而彻底激起了中国人民的强烈反对，最终引起了以青年学生为先锋的“五四爱国运动”，中国回族青年学生也毅然走在了运动的最前沿。中国共产党北京市委员会早期领导人之一，周恩来的挚友马骏先生便是其中之一。1919年，周恩来、马骏、邓颖超、郭隆真、刘清扬等人在天津成立了青年学生进步团体“觉悟社”，其中马骏、郭隆真、刘清扬都是回族的青年进步学生，均与周恩来、邓颖超缘分深厚，刘清扬还是周恩来的入党介绍人之一，周恩来、刘清扬二人又是郭隆真的入党介绍人。刘清扬和直隶女师的同学邓颖超、郭隆真等人发起成立了“天津女界爱国同志会”，她本人当选为会长。她们上街游行，高呼“国家兴亡，匹夫有责”。天津学联在南开广场召开第一次爱国运动大会，会后宣布游行，齐赴省公署请愿。女界爱国同志会的战友们一齐出动，以整齐严肃的阵容，迎接学联的请愿大队，和游行队伍会合成声势浩大的洪流。对此，天津《益世报》以《女学界之光荣史》为题，详细报道了这次请愿斗争，评论说："以少数弱女子具精诚毅力，始终不渝，我中国可不亡矣！"[①]这二人可谓中国女性之楷模。

1919年5月4日，天津的青年学生即刻响应，十五所中等以上的学校联合起来成立了天津学生联合会，马骏当选为天津学生联合会的领导人，他与周恩来等人一起组织发动了天津学界的罢课示威活动。1919年8月，山东济南镇守使兼戒严司令马良杀害了爱国团体“回教救国后援会”领导人马云亭等三人。天津学生联合会为了声援“山东惨案”，派郭隆真、刘清扬等十多人作为代表，联合其他地区的代表，向北京总统府请愿并被捕。之后马骏亲自带领千余人二次进京，并被津京等地学生代表公推为学生运动的总指挥。他率领津、京、鲁和唐山、烟台等地请愿代表五千多人，直逼总统府，在天安门前，展开了学生请愿大示威，宣传、讲演爱国思想，与军警对峙长达三天三夜，也一度遭到逮捕，马骏对同学们说："我们此来就是抱定牺牲精神的，我虽然被捕，不必恐惧；坚持斗争，一定会胜利。逮捕一个，便会激起十个、百个、千个爱国者，爱国者是逮捕不完的，……祖国万岁！”他郑重宣布："吾人死为国死，死为争国不亡而死，死后惟愿全国父老以及后之来者，万不可把国亡了。将来如得幸福有日，则吾人虽死之日，犹生之年，死亦瞑目于地下矣。吾人之死不为自私，不为名利，但愿全国同胞父老秉此牺牲之精神，永留光明之纪念于天壤已矣。”[②]出狱后，他又郑重声明，“进狱以前的马骏是马骏家人的马骏，出狱以后就是国人的马骏”，[③]出身于传统回民家庭的马骏在此时也始终把

① 刘方清：《我的母亲刘清扬》，《回族研究》2005年第2期。

② 杨怀中：《以身殉国 以身殉信仰——马骏烈士的生平思想》，《回族研究》2000年第1期。

③ 同上。

自己与国家命运联系在一起，先是中国人，之后才是中国的回民，并在信仰上聚焦于对中国共产党的政治认同。

作为一名回族进步青年，他自然也关心自己的民族，但他关心的方式并不是闭塞和固化自己的民族，而是把本民族的前途命运放在中国共产党领导的无产阶级革命事业的大视野中来审视，倡导民族间团结一致的重要性。他说：“只有共产党和苏维埃政权才能真正彻底解决民族问题，使各民族达到政治上、文化上、经济上的平等地位”“我要做一个回汉关系的调剂人，我要把回汉等各族团结在一个共同的革命旗帜下。”①马骏于1921年加入中国共产党，并回到东北老家宁安，建立起东北第一个党小组。1925年他被派去苏联留学深造，后被派回国担任中国共产党北京市委书记兼组织部部长，领导北京的地下工作，后不幸被捕。他在狱中受尽酷刑折磨，并拒绝张作霖许以高官厚禄的诱惑。马骏从容地写下“故共产党员马骏之墓”九个大字，说道：“我活着是共产党员，死了还是共产党员。”②临刑前，马骏对前来探监的妻子说：“我说三句话给你们：第一，我闹革命，不是为了家里，不是为了自己升官发财，而是为了打倒帝国主义，打倒军阀，为了老百姓翻身得解放，我身许革命，要革命就会有牺牲，不要托人求情救我；第二，我信仰共产主义，共产党一定能取得革命的胜利，我坚信会有这一天；第三，带好孩子，教育孩子跟党走，让孩子们走正道，将来不要给组织提要求。”③1928年，马骏同志被军阀张作霖杀害，年仅33岁。1963年邓颖超撰写了缅怀文章《回忆马骏烈士》：“马骏同志是中国人民、回族人民的好儿子，他对共产主义坚贞不屈的崇高品质，是我们学习的榜样。他虽然早已死去，但他的精神将随着伟大壮丽的共产主义事业的发展和胜利而永生！”④

① 杨怀中：《以身殉国 以身殉信仰——马骏烈士的生平思想》，《回族研究》2000年第1期。

② 同上。

③ 拜学英：《马骏烈士夫人杨秀蓉来宁前后》，《回族研究》2019年第2期。

④ 同上。

第五节　抗日战争前后的万众一心

1931 年 9 月 18 日，震惊中外的“九一八事变”爆发。日本军国主义的侵华史由此开始。整个抗日战争，中国广大回民群众始终以国家为先，以中华民族为先，依旧站在抗日救国的前线，冀中回民响亮地提出“我们是中华民族的组成部分之一，我们有先天抗日任务”[①]的口号，体现了中国回民群众在这方面的基本共识。与此同时，中国广大穆斯林群众也逐渐认同只有中国共产党才是真正为穷苦大众的利益而革命，并进而拥护中国共产党的领导，聚焦到对中国共产党的认同，向着自由和光明迈进。

1927 年，中国伊斯兰教著名的综合性刊物《月华》在北京创刊。“九一八事变”后，《月华》立即响应，在 1932 年 1 月 25 日出版的第 4 卷第 7 期发表了《国难期间伊斯兰人应有的呼声》一文，为中国穆斯林在抗日战争中应该如何去做，定了理论基调，发出了先声。文中率先表明了中国穆斯林坚定的抗日立场，在唤醒民众的抗战意识，鼓舞民族的精神方面发挥了极大的作用。文中说道：“在中国现在大难临头的时候，我男女教友，都望持一种勇敢奋起的精神，为爱正义、爱国家、爱宗教，而从事于援救国难的工作。至于办法，如抵制日货、筹集款项、军事训练。我伊斯兰人应及早起来挽救这大好的东亚土地，保护中华古国的荣光。”[②]也就是说，作为中国穆斯林，要有正义感。奋起反抗的前提是爱国家，国家好了，处于国家内的中国伊斯兰教自然好，中国穆斯林要奋起保护中华古国的荣光。《月华》在抗战时期也几经辗转，但仍坚持宣传抗日。对于《月华》在抗战时期如何发扬教义，引导中国穆斯林进行抗战，社长唐柯三指出：“(一) 激励回民之国民气节；(二) 发扬回教杀身成仁之抗战美德；(三) 发表回教教义与三民主义符合之理论；(四) 宣扬回教服从领袖之精

---

① 朱维群、孙冬冬：《中华民族共同体意识唤起巨大凝聚力》，《环球时报》2020 年 8 月 14 日。

② 雷晓静：《试析抗日战争前伊斯兰教报刊蓬勃发展的社会动因》，《回族研究》2004 年第 4 期。

神；（五）说明抗战建国必能成功之理由；（六）联合回教世界，俾得国际上之同情，而予侵略者以精神上及经济上的打击。”[①]其中提出了对世界上的伊斯兰教人士应加强联络，从而孤立敌人的主张。中国穆斯林在抗战期间也确实在外交方面做出了很多贡献，后文也会详述。《月华》在启迪民智，增进民族团结，宣传爱国主义，提振民族士气等方面，做出了巨大贡献。

帝国主义侵略者在侵略中国的时候除了武力上的进攻，还有一个重要而卑劣的手段就是想方设法搞民族分裂，挑拨民族关系，比如早期帝国主义对于新疆西藏的分裂活动便是如此，以至于遗毒至今。日本也如法炮制，那就是破坏民族关系尤其是挑起回汉之间的“隔阂”。中国穆斯林知识分子很清楚地意识到这一点，在理论上和舆论上做出了反击。著名中国伊斯兰教刊物《回教大众》于 1938 年 2 月创刊于武汉，发刊词让人振奋：“在这个全面抗战，也就是全民抗战的今天，我们要使得更广大的回教大众都踊跃动员，让他们在这个伟大的时代中献身民族，同时唤起世界回教大众对我们的同情和援助，所以我们办一个回教刊物大声呼号，这是我们发行本刊的第一意义。”[②]第一意义就是鼓励更广大范围的中国穆斯林要融入这个大时代，献身于中华民族。在《回教大众》第 1 卷第 2 期刊载的甘宁青抗敌救国宣传团《告全国同胞书》更是直接揭穿了日本侵略者离间回汉关系的根本目的，使中国穆斯林有一个清醒的认识：“暴日要灭亡我们的国家，处心积虑，已非一日，他的方法是制定以华制华的政策，用尽种种阴谋，挑拨我们国家的内乱，离间分化我整个民族的团结”“假借回民名义，实施其侵略的计划。”[③]

以上列举的只是众多中国穆斯林先进知识分子办报救国的一个缩影。总而言之，中国穆斯林先进人士办报主要是在舆论先导上说清楚几个关键问题，以开启民智，救国图存。在政治层面就是要以国家为先，消除类似

① 马广德：《〈月华〉在抗战宣传中的作用与贡献》，《回族研究》2019 年第 1 期。

② 高占福：《唤醒回族穆斯林同胞团结抗战》，《中国民族报》2015 年 9 月 4 日。

③ 同上。

“争教不争国”的保守消极思想，明白中国穆斯林是中国的国民而非身在中国的外国人。在民族层面就是要强调各民族团结一致，尤其是消除回汉之间的隔阂，这是民族团结中的核心问题，也是帝国主义分裂中国的切入点。在宗教层面上伊斯兰教教内各派首先要团结一致，另一方面就是要宣扬正信的中国伊斯兰教思想，弘扬正能量，投身抗战。中国穆斯林创办各种刊物的主要宗旨大概就是这几点。这对民族团结，对中国穆斯林积极融入全国抗日救国的大潮，起到了重要作用。

说到团结一致，总需要一种主义，需要一个领导的政党，盲目地战斗最终只是一盘散沙，以何种思想武装自己，向何种组织靠拢，是广大中国回民群众当时需要抉择的问题。在此阶段，广大回民群众也开始主动地选择支持和拥护中国共产党，这是历史的必然选择，绝不是偶然的。中国共产党中央委员会于 1936 年 5 月 25 日由中华苏维埃人民共和国中央政府主席毛泽东署名发布了《中华苏维埃中央政府对回族人民的宣言》(又称《毛泽东致回族人民的一封信》)，当时日寇的侵略已经向着中国回民主要聚居的西北地区纵深推进，该宣言首先激发西北回民的斗志，“你们是甘就灭亡，任人宰割，还是奋起抗战……”同时又揭露了蒋介石南京政府对回民的压迫，“苛捐杂税，使回民的生活，陷于艰难困苦不能生存的地位。复时常挑起回汉两民族的恶感，甚至互相残杀，最后则以大兵镇压，必使回汉两族民众的元气丧尽，然后得以遂其残暴贪婪的统治”。接着直述了中国共产党针对当时局势的主要宗旨，即“以反对帝国主义特别是日本帝国主义，彻底解放中华民族及其他各弱小民族为其基本任务”，号召回族人民“奋起图存，争取彻底解放的时期。……只要你们觉悟起来，努力奋斗，胜利必是你们的”①。《中华苏维埃中央政府对回族人民的宣言》有一些细化的主张，可以看出中国共产党在当时的革命阶段，关于回族问题的政策，完全是为了将回族人民从压迫中解放出来而制定的：首先是主张回民自己的事情由回民自己解决；第二就是要尊重中国伊斯兰教，保护清

① 刘伟:《红军西征期间民族政策的探索与实践》,《回族研究》2020 年第 3 期。

真寺与宗教人士，保护信仰自由；第三是联合、帮助和发展回民武装，使其成为抗日联军主要力量之一；第四是取消军阀、官僚、民团的一切苛捐杂税，改善回民生活；第五是发展回民的文化教育，提高回民政治文化水平；第六是密切回汉民族团结，打倒帝国主义和汉奸卖国贼；第七是联合土耳其、“外蒙古”、苏联及其他同情中国各民族彻底解放的民族与国家，共同抗日。[①] 这些内容的根本内涵就是要让中国穆斯林认识到，中国共产党代表的是广大人民群众的根本利益，保证的也是广大人民群众的根本利益。中国共产党和剥削阶级政权是站在对立面的。希望中国回民群众能自觉站起来，融入整个人民群众的海洋中，团结起来一致抗击侵略，反抗一切剥削和压迫。

在整体方针政策的指导下，广大回民群众坚定地拥护中国共产党领导，一个鲜活的例子就是 1936 年 10 月 22 日在宁夏同心成立的“豫海县回民自治政府”，这是历史上第一个县级的少数民族自治政权，也是第一个回民自治政权。但是，整个过程并没有那么顺利，由于国民党的反动宣传，当地群众对红军最初是排斥的，但渐渐被红军的严明军纪和对老百姓的关怀所感动，亲眼看到了共产党军队和其他剥削阶级的区别，终于在 1936 年 10 月 20 日至 22 日这几天，在历史悠久的同心清真大寺举行了豫海县回民自治政府成立大会，来自各区、乡的回族代表及各界人士 300 多人出席了大会，选举雇农出身的马和福为政府主席。会后发表通电，向各界宣布豫海县回民自治政府成立。通电可谓一语道破了中国共产党的根本宗旨，认为回民曾受到不少的剥削压迫，“今在红军援助之下，使我豫海回民向来所受之痛苦得以一旦解除，真正实行了回民的自由”[②]。豫海县回民自治政府告同胞书中也说：“历史上没有见到这样文明的军队到我们同心县城一带，不但帮助人民取消苛捐杂税，使我们得到解放，特别遵守我族的风俗习惯与尊重我们的宗教。我们为求整个民族解放，只有同红军

① 刘伟：《红军西征期间民族政策的探索与实践》，《回族研究》2020 年第 3 期。

② 马占珍：《豫海县回族自治政权的建立》，《宁夏社会科学》1985 年第 3 期。

联合起来，团结起来，组织回民解放会，为自己的独立解放而奋斗。”[①]广大回民群众从内心认识到了只有跟着中国共产党走，才能真正让自己得到解放。

后来，当地百姓自觉为红军筹集物资，先后为红军筹粮 6 万多斤、[②]银圆 8 万多块、滩羊二毛皮和老羊皮大衣 4000 多件及许多布匹等支前物资。并进一步发动群众，扩大根据地，动员回族青年数百人参加红军，掀起了反对内战、支援抗日的高潮。1936 年 11 月中旬，红军撤离同心城，豫海县回民自治政府的工作转入地下，国民党军马鸿逵部很快侵占了豫海县，大搞“清党”“清红”，整个豫海县笼罩在白色恐怖之中，不久马和福被捕，马鸿逵亲自审问并对他施以种种酷刑，但没想到马和福对党忠贞不屈，大义凛然，表现出一个共产党员的大无畏精神。连马鸿逵都感叹回民竟如此铁了心地跟着共产党。无可奈何之下，马鸿奎下令枪杀马和福。临刑前依然诱供马和福，问道：“你还有什么话说？”马和福坦然地回答，“为民族的解放，虽死无恨。”[③]就这样，优秀共产党员马和福于 1937 年 4 月 3 日英勇就义，时年 44 岁。马鸿逵还特地在马和福的家乡杀害他，用他自己的话说：“我要让回回们看看，跟着共产党走是什么样的下场！”[④]但广大回民群众并没有被吓倒，反而更加拥护中国共产党的领导。

这里涉及中国共产党的“统一战线”政策，中国共产党把“统一战线”作为一种根本上的价值取向，而非仅仅是策略与手段，这一政策不会随着形势的变化而变化。中国共产党从立党之初就是以解放广大劳苦大众为宗旨，始终代表着最广大人民的根本利益并为之奋斗，中国共产党的“统一战线”正是在此基础之上建立的，“为最广大人民群众的根本利益”从本质上来说是一项永恒的事业，是永远处在未竟状态下的事业，因

① 马占珍：《豫海县回族自治政权的建立》，《宁夏社会科学》1985 年第 3 期。

② 斤为非法定计量单位，1 斤 =500 克。——编者注

③《烽火岁月中的宁夏英雄——陕甘宁省豫海县回民自治政府主席马和福》，《宁夏画报》2020 年第 9 期。

④ 同上。

此从这个角度来说，中国共产党的“统一战线”是有理论根基的，是为政之“道”。这也就是马克思主义的无产阶级只有解放全人类，才能最后解放自己的意蕴所在。习近平总书记在论述宗教工作的时候就清晰地看到了这个“道”。在第十二届全国人民代表大会第一次会议上习近平总书记指出：要发挥宗教界人士和信教群众在促进经济社会发展中的积极作用。开展党的群众路线教育实践活动，涉及如何看待信教群众、做好信教群众工作问题。宗教工作本质上是群众工作，必须认真贯彻党的群众路线，把做好信教群众工作放到更加重要的位置，进一步密切党同信教群众的关系，使信教群众和不信教群众联合起来，共同致力于实现中华民族伟大复兴的中国梦。[①]

在党的政策方针的引领下，广大人民群众不断提高觉悟，其中广大回民群众更是积极参军，向着党组织靠拢。这里不得不提的就是大家所熟知的被誉为“攻无不克、无坚不摧、打不垮、拖不烂的铁军”[②]的马本斋与其回民支队。1938年马本斋率部参加八路军，其能征善战，善于进行突袭战、闪电战，有力震慑了日寇。从1937年马本斋在家乡拉起回民抗日队伍到1944年2月，马本斋指挥和参与战斗800余次，屡建奇功，得到党中央的高度评价，马本斋本人也从一名旧军队的爱国军官成长为一名坚定的共产党员，其原因就是他真正明白了中国共产党的本质。在他的领导下，“回民支队”被各方称赞与重视，冀中军区通报各部队“向回支看齐”，毛泽东赞为“百战百胜的回民支队”，蒋介石也承认回民支队忠诚党国。当然这也引起了日寇的重视，日本《东亚圣战报》称：回民支队的动向，“应引起我大东亚之皇军的注意，并应认真对付”。[③]日寇黔驴技穷，只得使出卑劣手段，1941年7月将马本斋的母亲抓走，逼迫她给儿子写劝降信，马母坚贞不屈，大义凛然：“我儿子当八路军是我叫他去的，我

① 王作安：《宗教工作本质上是群众工作》，《人民日报》2013年11月26日。

② 冯序鹏：《朱德同志挽马本斋及其母》，《中国高校后勤研究》1997年第2期。

③ 马建春：《回族在抗日战争中的历史贡献》，《青海民族研究》2005年第3期。

儿子打你们是我叫他打的，叫我写信劝他投降，万万不能！……讲条件，就是让马本斋不要管我，好好带着回民支队彻底消灭你们这群强盗！”[①]最后绝食7天，英勇就义。

1944年1月，回民支队接到命令，奔赴陕甘宁边区，担负起保卫党中央、保卫毛泽东的光荣任务。但此时的马本斋却因病重难治而未能随行，临行前他带病为部队做临行前最后一次动员，叮嘱与他并肩作战的战友们：“要跟着党，跟着毛主席，抗战到底！”[②]同年2月7日清晨，马本斋的妻儿赶往冀鲁豫行署军区后方医院看望病情恶化的马本斋。临终前，他在纸上写下“中国”二字，叮嘱儿女要像回民支队的战士们一样，“把整个生命献给中国！”[③]1944年马本斋逝世后，毛泽东题挽词“马本斋同志不死”，朱德敬挽“壮志难移，回汉各族模范；大节不死，母子两代英雄”，周恩来献挽联“民族英雄，吾党战士”。[④]后来，回民支队的另一位创立者刘世昌被任命为回民支队政委，参加了陕甘宁边区英模大会，受到了毛泽东的亲切接见。解放战争时期，刘世昌带着回民支队90名干部奔赴东北战场，先后参加了辽沈战役、平津战役以及江西剿匪等，马本斋的民族大义与革命精神如火种一般得到了传承，其革命生命也通过他的战友们得到了延续。

马本斋与“回民支队”认识到中国共产党的本质，从而坚定地跟党走，为人民而战。这只是一个缩影，是我党领导下的全国回民抗日武装中的一支。此外还有1940年成立的冀鲁边区回民支队，也就是著名的渤海军区回民支队，在支队长刘震寰的率领下与敌人战斗百余次，沉重打击了日寇。抗战胜利后又参加了解放东北的战斗，随后发展成一支由回族、汉族、朝鲜族、满族等多民族组成的一万多人的部队，1948年又改编为东

① 薛庆超：《中国共产党与少数民族工作（连载三）——毛泽东题词“百战百胜的回民支队”》，《民族大家庭》2019年第3期。

② 董培升：《马本斋：回族抗日英雄》，《共产党员（河北）》2018年第9期。

③ 吕其庆：《把祖国的需要视为最高指示——专访马本斋之子、海军少将马国超》，《思想政治工作研究》2015年第7期。

④ 薛庆超：《中国共产党与少数民族工作（连载三）——毛泽东题词“百战百胜的回民支队”》，《民族大家庭》2019年第3期。

北野战军铁道纵队二师，刘震寰担任师长，参加了辽沈、平津、渡江与解放大西南等众多大战役，为解放全中国做出了贡献。抗战时期，中国共产党领导下的回民抗日武装还有新四军五支队下属的江苏宜兴竹镇回民游击大队、鲁南军区领导下的枣庄回民游击队等，都在敌后抗日战场上有着不俗表现。更有众多在中国共产党领导下的回民抗日英雄献出了自己的生命，如山西代县人民自卫队队长，回民英雄金方昌，被捕后被敌人挖出眼睛，他愤然蘸血在牢房墙上写下“严刑利诱奈我何，頟首流泪非丈夫！”[①]的豪迈诗句，最后慷慨就义。还有山东肥城县（今肥城市）大队队长米英俊、冀中回民抗日先锋队总队长王文才、定远县二龙乡清真营指导员白云义等回民英雄，为了国家的独立自强和中华民族的尊严而献出了宝贵生命。他们之所以如此坚定地追随党的领导，我们可以从闻名全国的铁道游击队政委、回民英雄张鸿仪的日记中看到原因，那就是他们了解了中国共产党的本质：“接受马克思主义以后，才明白了人活着的意义是什么。从入党的那天起，就把自己交给了党，交给了人民。为了党的事业，为了劳苦大众的翻身解放，甘愿牺牲个人的一切。”[②]中国广大回民群众之所以拥护中国共产党，党的事业之路之所以能走得越来越宽，国民党的路越走越窄，张鸿仪的日记真诚而朴实地点明了原因。

当时的中国伊斯兰教宗教人士也主动围绕在党的周围，拥护中国共产党的领导，尽一己之力，抗日救国。宁夏著名大阿訇虎嵩山提出“国家兴亡，穆民有责”，用阿拉伯文和汉文撰写了感人至深的《致全国穆斯林同胞抗战胜利祈祷词》，号召后方的穆斯林同胞在每日的五番拜后念这篇祈祷词，同心诚意向真主祈祷中国胜利，其中有这样一段话：“真主啊！求你援助我们的政府，使我们的国家永存，使我们的抗战胜利，消灭我们的敌人。”[③]真正将爱国之心融入宗教信仰当中，真挚恳切。他还在课堂上给学生

① 李连才：《严刑利诱奈我何，頟首流泪非丈夫——记抗日英雄金方昌烈士》，《支部建设》2020年第25期。

② 王正伟：《中华回族爱国英才》，宁夏人民出版社2010年版，第152页。

③ 王正伟：《中华回族爱国英才》，宁夏人民出版社2010年版，第330页。

讲:“爱国属于信仰，穆斯林应热爱祖国，皮之不存，毛将焉附？没有国家哪还有宗教？”[①] 中华人民共和国成立以后，虎嵩山阿訇号召穆斯林消除派别之见，在党和政府的领导下，团结一致共同建设幸福美好的新中国。

新疆著名的马良骏大阿訇四处奔走讲演，号召新疆穆斯林踊跃参加抗击日本侵略的战斗，全疆回民积极捐款，捐赠战斗机一架及其他物资以支援政府抗战。1949 年 9 月，新疆和平解放前夕，为了扫除新疆和平起义的最大障碍——国民党骑兵第五军，在新疆省政府主席包尔汉等人多次劝说骑兵第五军军长马呈祥无果的情况下，马良骏不顾个人安危，毅然决然赴骑兵第五军军部面见马呈祥。见到马呈祥后，他单刀直入地说:“现在新疆四面楚歌，迪化已是塞外孤城，解放军大军压境，新疆危在旦夕，不知军长当如何打算？”并说:“你不能伤害新疆的一草一木，使新疆各族人民遭祸殃。”[②]马呈祥起初态度强硬，马良骏给他分析当前局势，阐述民族大义，希望他拯救新疆各族人民。最后马呈祥对马良骏说:“老人家，我遵你的口唤吧。”[③]并交出了骑兵第五军的兵权，带着家属，由南疆出国。新疆解放当天，马良骏喜悦地带领全坊回族穆斯林在燕儿窝迎接解放军。新疆和平解放后，在西大桥召开庆祝大会，马良骏出席并作书面发言，表示要坚决拥护中国共产党，拥护毛泽东。1949 年 10 月 1 日，中华人民共和国宣告成立，马良骏代表新疆回族致电毛泽东、朱德。同年 10 月 22 日,《人民日报》专门刊登了中央给马良骏的复电:“马良骏先生并转全疆回族同胞钧鉴:感谢你们的祝贺，希望你们协助人民解放军和人民政府，团结各族人民，遵照共同纲领，实行真正的人民民主，为建设新疆而努力。”[④]

中华人民共和国成立后，马良骏不顾年事已高，一方面仍以和平团结为主旨致力于伊斯兰教经堂教育，另一方面宣传和贯彻党和政府的各项

① 王正伟:《中华回族爱国英才》，宁夏人民出版社 2010 年版，第 330 页。

② 李树芳、陈国柱:《马良骏阿訇传略》,《中国穆斯林》1992 年第 1 期。

③ 同上。

④ 王平:《爱国爱教 虔信传世——马良骏阿訇传略》,《回族研究》2007 年第 3 期。

政策、方针，积极参与新疆社会主义经济建设。抗美援朝期间，他发动维吾尔族、回族穆斯林群众为抗美援朝捐献飞机，带头捐献大洋一百多元，并向全国宗教界发出倡议，掀起了支援抗美援朝的火热运动。1953 年 6 月 13 日他在《只有在中国共产党领导下，伊斯兰教徒才能愉快地过肉孜节》一文（原载 1953 年 6 月 13 日《新疆日报》）中说：“新疆解放后，我们伊斯兰教徒在各族人民伟大领袖毛泽东主席的亲切关怀及中国共产党的正确领导下，有了宗教信仰的自由，教徒们都能自由地进行宗教中所规定的一切活动，并在各方面受到人民政府的特别照顾。我们要拥护我们的祖国——中华人民共和国，敬爱我们各族人民伟大的领袖毛主席。我们相信只有中国共产党领导下，我们伊斯兰教徒才能一年比一年更欢乐愉快地过我们自己的节日。”[①]1957 年，马良骏阿訇在弥留之际叮嘱儿女：“要听政府的话，遵纪守法。当一个爱国爱教的好公民。勿以善小而不为，勿以恶小而为之，唯小善必获大报，唯小恶必遭大歼。”[②]“解放后党和政府对我非常尊重和关怀。我‘无常’后，你们要好好听共产党的话。给人民多做一些事情，要永远跟着共产党走。”[③]他还一再要求家人不要在坟墓上修拱北，要与普通的坟一样，不要搞特殊。

马良骏阿訇一生热爱和平，致力于团结，他遵照《古兰经》:“抓住真主的绳索，不要分裂”的谕示，经常告诫人们要团结。他在《考证回教历史》一书中就表述了他的这一观点。他认为自人类诞生以后，“子子孙孙，接辈流传，生息既繁，秉性自殊，散居既远，见闻自异，因地因人，各分种族，随好随恶，各奉各教，至今五千余年，遂有各族之别。所以各族人民，都为同胞兄弟。且兄弟为手足，各族为一体。”“使回汉两教及其他各教人民，同心一体，一致团结，互相亲爱，统一建国，永奠和平，此乃余

① 李树芳、陈国柱:《马良骏阿訇传略》,《中国穆斯林》1992 年第 1 期。

② 王平:《爱国爱教 虔信传世——马良骏阿訇传略》,《回族研究》2007 年第 3 期。

③ 敬军:《爱国爱教 阿訇典范——纪念马良骏大阿訇归真 50 周年》,《中国宗教》2007 年第 6 期。

之希盼也。”[①]马良骏大阿訇学识深厚，深明大义，知恩感恩，足以成为后来伊斯兰教教职人员的楷模。

抗战期间，我国伊斯兰教宗教人士还积极在外交领域宣传我国的抗日斗争，消除国外误解，争取舆论支持，做出了很大贡献。震惊中外的“卢沟桥事变”后，日寇不断派遣浪人前往中近东各伊斯兰国家活动，颠倒是非，歪曲侵华的真实情况，骗取各国同情。在这样的背景下，1939年创办的中国回教救国协会（前身为中国回民救国协会），本着“以民族之立场，作国民外交之活动”原则，积极开展国民外交活动，争取国际社会对中国抗日战争的支持，决心商讨推举组建中国回教近东访问团。其目的在于“往近东各回教国家，宣传我国一致抗敌之决心，及日本侵略之实况，并陈述中国回教同胞在中国地位之重要，及担负救亡责任之重大，冀以引起其同情心，而为有力之声援”[②]。而后推选了王曾善、马天英、薛文波、张兆理、王世明五位回教青年志士组成“中国回教近东访问团”，向伊斯兰教国家揭发日本军国主义的暴行。此时的广大中国回民群众已经认识到，要打倒日本帝国主义，必须加强中华各民族的团结和中国回民群众内部的团结，以正视听。该团于1938年1月出发，经香港出国，沿途访问了新加坡、锡兰、埃及、沙特阿拉伯、伊朗、叙利亚、黎巴嫩、印度、土耳其等地区和国家，于1939年1月回国。“中国回教近东访问团”在发表的宣言中声明：“我中华回民皆中国之国民，生于斯，息于斯，与国家有绝对不可分离之关系，绝非外人阴谋谰言所可动摇。回教人民认为‘中华民国’之休戚，系我全民族之休戚，祸福与共，兴亡有责，国内其他民族或不免有受敌欺骗者，但我回民则爱国精神始终如一，绝不受敌人利用也。”[③]没有国家便没有中国穆斯林的沃土，访问团的声明可谓清脆响亮，表明了中国穆斯林坚定的爱国立场。

① 李树芳、陈国柱：《马良骏阿訇传略》，《中国穆斯林》1992年第1期。

② 马成明、崔莉：《近代回族知识分子的家国情怀——以中国回教近东访问团为中心》，《回族研究》2018年第1期。

③ 同上。

中国四大阿訇之一的达浦生大阿訇也发挥自身影响力，以花甲之年只身赴伊斯兰教国家进行宣传，打破日寇谣言。他在参加埃及王子结婚盛典、中近东各国元首云集开罗之际，于1938年1月20日乘船到达埃及。当埃及国王接见时向他询问了抗战中回汉关系等问题，他说：“我整个中华民族上下一致，同心同德，众志成城，共赴国难，咸存玉碎之心，不为瓦全之念，日本虽强，亦不能占我片土，制我民心。中国的回教徒也如非回教徒一样的热爱祖国，抗御暴敌，不愿为日本人之奴隶，或直接持戈参战，或努力于后方工作，携手一致，反对日本帝国主义。”[①]埃及国王为其言语所感动，当即表示支持中国抗战。随后他联合“中国回教近东访问团”，共同参加了在沙特举行的“世界伊斯兰大会”。与会代表及群众达15万人，达浦生阿訇在大会上和其他代表共同揭发日寇侵华罪行；并与冒充穆斯林的三名日本浪人展开舌战，浪人丑态毕露，大长中国的声威。在埃及期间，他还撰写了长达100多页的《告全世界回教同胞书》并由中国留埃学生部部长沙儒诚先生翻译成阿拉伯文。[②]此文揭发日本近60年来的侵华史实和最近日寇侵华罪行，号召全世界穆斯林兄弟对日寇进行舆论上的谴责及经济上的制裁。这篇六万多字的长文被印发给各伊斯兰国家的政府及相关部门，并在埃及《金字塔报》上全文发表（连载）。此文被译成印度文、英文，在中东和南亚地区引起了重视和关注，赢得了全世界穆斯林的理解和支持。中华人民共和国成立后，达浦生阿訇继续为中国外交做贡献，1956年82岁高龄的达浦生阿訇以周恩来总理顾问的身份，随总理同机抵达印度尼西亚万隆，参加了亚非会议。1957年国庆，阿訇被邀至天安门城楼观礼，受到毛泽东主席的亲切问候。1965年达浦生阿訇病重期间，曾作句自勉：“奔波一世一事竟无成，欣逢社会日新，始得为国为教略尽微忱，常自愧！”[③]由此可以看出达浦生阿訇的德行修养，这才是宗教人士该具备的。此外达浦生阿訇也在中国

① 马全仁：《爱国爱教的达浦生阿訇——纪念达阿訇归真32周年》，《中国穆斯林》1997年第5期。

② 同上。

③ 同上。

伊斯兰教经学体系的建设上做出了自己的贡献，其代表作《伊斯兰六书》承接明清“以儒诠经”学术运动，继续着伊斯兰教中国化的理论探索之路。从唐宋伊斯兰教初传至此，我们纵观伊斯兰教中国化的历史，同时也是中国穆斯林关于认同的发展史，由对中华文化的认同为切入点并在每一历史时期不断深化与升华，最终聚焦于对中国共产党的政治认同。整个过程都是中国穆斯林群众自觉自愿的选择，是不断深化和聚焦的历史进程。中国共产党是中华文化的集大成者，是凝聚国家、凝聚中华民族的政治核心，代表着最广大人民的根本利益。新时代，中国穆斯林群众必将会循着此发展方向，以习近平新时代中国特色社会主义思想为指引，以社会主义核心价值观为引领，继续深化对中华文化的认同，同时进一步巩固对伟大祖国、中华民族、中国共产党、中国特色社会主义的认同。

第五章

新疆民族与宗教的主要问题

中央社会主义学院在2017年下半年开办了新疆中青年爱国宗教人士培训班，担起了对新疆伊斯兰教宗教人士的教培重任，并多次得到了中央领导同志的批示指导。本章通过阐明新疆多民族多宗教的历史发展，正本清源，使新疆伊斯兰教人士正确地了解自己，在思想上构筑起防御“三股势力”思想渗透的坚固防线，坚定地沿着伊斯兰教中国化的方向健康前行。本章旨在澄清历史发展中新疆民族、宗教等方面的问题，皆在厘清维吾尔族从来不是西域共主，与突厥更没有关系，新疆问题表面上看是伊斯兰问题，实质上是维吾尔族问题；在伊斯兰教传入新疆之前，维吾尔族曾信仰过佛教、景教、摩尼教等多种宗教；新疆自汉朝以来就是我国不可分割的一部分。只有正本清源，激浊扬清，才能使新疆伊斯兰教教职人员更加清晰正确地认识本民族的民族发展史与宗教发展史。提高自我认识，提高引导信教群众的底气和能力，提高对新疆伊斯兰教中国化的把握力，守住意识形态阵地。

第一节　维吾尔族并非突厥后裔

我们要清晰地认识到一个观念，那是世界上没有哪个民族有所谓的“血统纯正”之说。如果有某种声音宣称自己是历史上的某某民族纯正的后裔，那么其背后一定有政治目的或其他阴谋，即以民族宗教为幌子而欲达到某种政治目的，这种例子屡见不鲜。历史上，人类不断迁徙与相互融合，基因的复杂多元化才能促进人类的健康发展，假如真有所谓的“纯正”基因，那恐怕只有靠不断地“近亲结婚”来维持了。“三股势力”之所以鼓吹所谓的“我们的民族是突厥”，纯粹是以民族为幌子来达到自身的政治目的，没有任何证据支撑。本节即以维吾尔族为例，从分子人类学以及历史史实两个角度来说明维吾尔族与突厥之间并无关系，以揭穿“三股势力”的谎言。

一、从民族基因图谱看维吾尔族的基因组成

分子人类学是人类学的分支，利用人类基因组的分子分析以及脱氧核糖核酸（DNA）遗传信息来分析人类起源、民族演化、古代社会文化结构等多方面多层次的问题，是近些年来新兴的交叉学科。以此为研究工具对维吾尔族的民族基因构成进行研究，会清晰地看到维吾尔族的多元基因结构。

从民族基因图谱的研究来看，与土耳其人比邻而居的信仰基督教的亚美尼亚人，其突厥基因也仅有 20%，是含有突厥基因比例最大的族群，土耳其人为 11%，意大利人为 6%、波斯人为 5%、维吾尔人为 4.5%、哈萨克人为 3%、阿拉伯人为 2.5%、北方汉人为 2.3%、乌兹别克人为 1%、蒙古人为 1%。[①] 这说明突厥在整个西迁的过程中不断与当地居民融合，因此形成了这种基因分布。突厥人西迁过程中会强迫当地人说突厥语，因此突厥人这一路留下的更多是共同的语言特征，并无血缘特征。因此以突厥民族的血统为号召来蛊惑人心，以行分裂国家之实，是毫无历史依据的。如果仅以语言的相似性来证明所谓的血统纯正，更是可笑。泛突厥主义思潮的起源地在土耳其，土耳其人的突厥基因也仅有 11%，也并非所

① 数据引自《从民族基因图谱看几个与维吾尔族相关的“争议”的问题》，公众号“西域都护”2020 年 7 月 24 日。

谓“纯正”的突厥人后裔。因此一定要分清楚语言、宗教、民族之间的界限，不能混为一谈，语言特征与宗教信仰特征的相同绝不代表民族的同源，这种混为一谈的错误论调很能蛊惑人心，应当警醒。

一个历史上发生过的真实事件可以说明这种论调的荒谬性，那就是具备突厥基因最多的信仰基督教的亚美尼亚人，反而在历史上遭到了土耳其人多次种族灭绝性的杀戮，就是臭名昭著的“亚美尼亚大屠杀”①。1915年至1918年，正处于第一次世界大战的土耳其政府分批次共杀害了约150万亚美尼亚人，由此可见“泛突厥主义”②的虚伪，他们只是以民族为幌子，本质是借以达到丑恶的政治目的。维吾尔族地处丝绸之路的交通枢纽位置，其民族基因组成更是多元，突厥也绝不可能是维吾尔族的唯一族源构成，更何况有分子人类学研究作为支撑，维吾尔族的基因组成中汉人和蒙古人的基因共占到了26.5%，③在古代，来往于东西方丝绸之路的汉族商人、驻守边疆的汉兵后代，历代屯垦戍边的汉人，蒙元时期的大量的进入塔里木河流域的伊斯兰化的蒙古人，有很大一部分已经融合到维吾尔族中了。因此，割裂维吾尔族与内地的联系，试图打造一个所谓纯粹的突厥人后裔的民族，是没有任何根据的。这是从科学的角度破除了所谓的“泛突厥主义”，接下来从北方民族迁徙的历史史实进一步说明维吾尔族的族源演变。

二、从北方民族迁徙的历史看维吾尔族的形成④

“泛突厥主义”认为在世界所有说突厥语族语言的数十个民族，都是

① “亚美尼亚大屠杀”指的是奥斯曼土耳其帝国对其辖境内亚美尼亚人基督徒进行的种族灭绝性质的大屠杀。其受害者数量达到100万～150万人。

② 泛突厥主义又称大突厥主义，是一种极端的民族沙文主义思潮。它不切实际地主张所有说突厥语族语言的民族联成一体，组成一个由奥斯曼帝国苏丹统治的大突厥帝国。

③ 数据引自《从民族基因图谱看几个与维吾尔族相关的“争议”的问题》，公众号“西域都护”2020年7月24日。

④ 观点内容主要引自杨圣敏:《历史上维吾尔族与突厥及土耳其的关系》,《西北民族研究》2016年第3期。

一个突厥族。这是将语言的相似偷梁换柱为民族的相同，颇具欺骗性，然而背后隐藏的却是政治目的，那就是以土耳其为核心的各民族联合起来，主张建立一个跨国的突厥国家，甚至有人妄想借此恢复奥斯曼土耳其帝国的版图。这股思潮在 20 世纪 30 年代传入我国新疆地区，被别有用心的分裂分子作为煽动狭隘民族主义并宣传分裂思想的工具。实际上，维吾尔族不仅和突厥没有关系，在历史上与突厥还是仇敌，这从维吾尔族的族源演变历史就可以看出。

突厥与回纥部落在 4 到 5 世纪才出现，其源于北狄。北狄是中国史书中对分散于中国西北地区众多的原始部落的泛称，居住在现内蒙古鄂尔多斯及邻近地区。夏商时期，其游牧地域已经遍布中原北部各地，一直到今天的山西、河北、陕西等地，过着逐水草而居的游牧生活，与华夏杂居且交往密切。古代突厥语当中与汉语中音义相近或相同的词语就有 1000 组以上。在北狄的青铜器、陶器等出土文物中，明显地表现出类似中原的造型和艺术风格。两汉时期，在北狄遗址的出土文物中，已经很难分辨出其与中原文化的区别。商代时，北狄分化为赤狄、白狄、长狄三个部落集团，长狄已经进入今天的河南安阳一带，造成了与华夏诸族错综复杂的局面。扩张带来了军事上的摩擦，北狄与商周发生过多年的战争，战败后向北、东南两个方向迁徙。向东南迁徙的这一支在河北建立了我们熟知的“中山国”，参加了战国时期的争霸活动，之后便自然地融入中原。向北迁徙的北狄，其中一部分在内蒙古地区发展成为匈奴，另一部分则深入漠北草原与西伯利亚原始森林并与原住民融合。后者被称为“丁零”和“铁勒”，由于气候与自然环境因素又进一步分为东、西两个族群，并且差异越来越大。西部族群以农耕为主，成为后来突厥部的来源；东部族群以游牧为主，也就是维吾尔族先民的来源。这里在源头上已经可以看出突厥与维吾尔先民的并列形成，他们并无直接关系。

6 世纪，西部以农耕为主的族群部落中的一支叫作阿史那的氏族强盛起来并统一西部诸族群，并于 552 年建立了以阿史那氏族为统治阶级的突厥汗国，“突厥”这个词就此诞生。突厥汗国的疆域东到大兴安岭，西到中亚的锡尔河以北今哈萨克草原，南到阴山。突厥汗国实行奴隶制，阿史那氏族的人被分派到各个附属的部落和民族中担任头领从而镇压、统治各民族。阿史那氏族将其统治下的各个部族称为“黑民”，征以重税和兵役，并对其进行残酷镇压，人们对阿史那氏族的突厥汗国非常仇恨。其中被奴役和敌视的一个部族就是今天维吾尔族的先民回纥部，在突厥汗国北部。所谓的突厥族就是指阿史那氏和与之有近支关系的各氏族和部落。其他被奴役统治的各部族都使用本部落的名字，并没有称自己为突厥。拿维吾尔先民回纥来说，在 11 世纪出版的《突厥语大词典》中，作者马赫穆德・喀什噶里自称突厥，很明确地称呼回纥（维吾尔）为敌人，书中写道:“我们树旗于马上，去出征回纥人；我们像飞鸟一样，飞向贼人和恶狗。”这就明显地表示，回纥与突厥是两个界限分明且敌对的民族。

隋朝时，突厥分裂为东西两部分，唐朝在 630 年灭掉了东突厥汗国，在 657 年灭掉西突厥汗国并在蒙古草原设立了燕然都护府，在今天的新疆、中亚地区分别设立安西都护府和北庭都护府，突厥各部落和突厥控制的地区大部分并入了唐朝版图。之后，突厥部曾一度在蒙古草原恢复其汗国，称为后突厥汗国，后来唐朝又联合回纥部在 744 年将后突厥汗国灭亡，自此突厥彻底被消灭。之后，东突厥各部落南下逐渐融入中原汉族之中，或西迁至中亚；还有一部分留在蒙古草原，融入回纥之中，西突厥继续生活在今新疆北部的准噶尔盆地和中亚锡尔河以北的哈萨克草原一带，逐渐南下，或者西迁到土耳其，一路四散融入当地的少数民族当中。自此，作为一个血缘民族的突厥族就四散融入各类民族当中而消失隐没，成为历史。其语言特征则随着一路西迁而留下，但突厥语不等于突厥族，这一点我们要有清晰的认知。

突厥被灭后，回纥便成为北部最大的部落，遣使到长安请求册封，唐玄宗册封回纥首领为可汗。此后的历代回纥可汗都向唐朝称臣，接受唐朝的册封，回纥汗国始终作为唐朝的臣属而存在。唐朝相继将宁国、咸安、太和公主嫁给回纥可汗。这是自西汉以来，历代和亲公主中仅有的三位皇帝亲生的女儿。840年，回纥汗国由于黠嘎斯的反叛而崩溃，回纥部开始四处迁徙。南迁的回纥人约有10万人进入了内蒙古和中原，逐渐融入汉人当中。西迁的回纥分成两支，一支到达河西走廊张掖一带，与当地的蒙古族等民族融合，形成了今天的裕固族。另一支西迁到今天的新疆地区，征服了南疆各绿洲上的土著人并在当地定居下来，成了维吾尔族的起源。1934年新疆省政府针对当时社会维吾尔族汉译名称使用混乱的情况，经过各族代表允可，发布通告，“改称缠回为维吾尔，禁用畏兀儿、威武尔等名称”,①将“维吾尔”作为唯一的汉文规范称谓，意为“维护你我团结”。②

这就厘清了维吾尔族的族源问题，维吾尔族不仅与突厥没关系，更和土耳其风马牛不相及，破掉了“三股势力”宣扬的所谓“泛突厥主义”。本章第二节还将讲清楚新疆的伊斯兰教问题，还原新疆多宗教的发展历史。

三、生活在湖南的维吾尔族

在湖南常德桃源县有一个枫树维吾尔族回族乡，全乡3万多人中便有近万居民是维吾尔族，这里也是我国除新疆之外最大的维吾尔族群聚地。其祖先为高昌古国的哈勒将军，后归于成吉思汗，战功赫赫，其后代世袭官位。元末哈勒将军的后裔哈勒·八十又率部归于朱元璋，1368年，明太祖朱元璋为平定南方叛乱，命令哈勒·八十将军率族人南征进入湖南，并赐予其家族“翦”姓，意为“翦除敌对势力有功”，③将“八十”改为“八士”。④从此，翦姓维吾尔族便在桃源扎根，他们与汉人通婚，向当地

① 魏长洪、美丽班:《维吾尔族名汉译名称新考》,《新疆大学学报（哲学人文社会科学版)》2007年第1期。

② 《〈新疆的反恐、去极端化斗争与人权保障〉白皮书》,《中国宗教》2019年第3期。

③ 肖明清、曾庆栋:《湖南翦姓维吾尔族文化融合研究——以维吾尔族〈翦氏族志〉为例》,《大理大学学报》2018年第1期。

④ 黄丽:《湖南维吾尔族民族认同的构建与变迁》,《中南民族大学学报（人文社会科学版)》2008年第3期。

汉人学习种植和养殖技术，600多年来在桃源安居乐业，与汉族、回族和睦相处。著名历史学家翦伯赞也是湖南桃源人，他在文章《我的氏姓，我的故乡》中写出了他祖先的这段家族历史：“这原住新疆的一个姓哈的氏族，被历史上两阵狂风接力吹送，便变成了湖南的翦氏。”①

清代中后期这里发生过一场瘟疫，根据伊斯兰教义，穆斯林死后必须由阿訇执行葬礼。当时乡里瘟疫横行，枫树乡回维村很多村民都没能扛过去，阿訇只能四处奔走主持葬礼。在湖南湿热的天气里，瘟疫病人的尸体又不宜长久放置，有的家庭就请了道士、和尚来主持葬礼。渐渐地，这些人中就有了道教徒或佛教徒。现如今，信仰不同宗教的群众都能和平共处，穆斯林在古尔邦节②也会邀请其他群众一起来庆祝节日。宗教属性被淡化，人们反而能够享受世俗生活的快乐，能够充分享有宗教信仰的自由。近年来，枫树维吾尔族回族乡结合当地独特的历史文化、特色资源，大力发展民族特色产业，如肉牛养殖、民族文化旅游等产业。如今，翦伯赞故居、枫林花海、少数民族民俗园，吸引着越来越多的游客来到这里，其中就有远道而来的新疆维吾尔族人。

和其他民族一样，维吾尔族就其血缘、基因来说，其结构是多元的，并没有某种“纯粹”的血缘传承。如果一定要找出一个维吾尔族的族源演变，那么经过分子人类学的研究和北方游牧民族演变的历史也可以看出，现在的维吾尔族与历史上的突厥民族并没有什么密切的联系。湖南桃源县的维吾尔族居民在中华人民共和国民族识别之前一直认为自己是回族，并在此安居乐业数百年。对于人类来说，现世的幸福生活是至关重要的，民族只是现代意义上的一种身份归属，我们可以有自己的民族身份，但不要被错误的具有政治阴谋的民族观绑架，要保持清醒的头脑。剥离了错误民族观的束缚，下一节我们将破除错误宗教观的束缚，还原新疆历史上多宗

---

① 黄丽：《湖南维吾尔族民族认同的构建与变迁》，《中南民族大学学报（人文社会科学版）》2008年第3期。

② 古尔邦节是伊斯兰教主要节日之一，亦称宰牲节。我国穆斯林将古尔邦节又称“忠孝节”。

教并存的历史进程，揭穿“族教捆绑”的阴谋。

第二节　伊斯兰教只是新疆历史上的年轻文化

“三股势力”的分裂手段无非就是将维吾尔族与中华民族割裂，先打民族和宗教两张牌，再打人权牌，先将维吾尔族和中华民族割裂，然后再进一步讲述维吾尔人受到了迫害，以此来蛊惑人心，混淆视听，最终达到不可告人的政治目的。错误的民族观在第一节中已经被剥离，本节将剥离错误的宗教观，也即“族教捆绑”。

一、伊斯兰教传入之前新疆多宗教并存的活泼局面

在伊斯兰教传入新疆之前，新疆处于以佛教信仰为主多种宗教并存的状态。构成这一格局的原因与新疆地处丝绸之路重要通道和枢纽的地理位置有关，多种文化在此汇集。尤其是在海上交通还不盛行之前，东西方之间主要通过丝绸之路进行联系。当时除了佛教，还有祆教、道教、摩尼教、景教等宗教。这一格局一直维持到伊斯兰教传入，历时1000多年。其中最早出现的宗教是祆教。祆教是我国对源自波斯的琐罗亚斯德教的称呼，俗称“拜火教”，相传由古波斯人琐罗亚斯德创立，他是一位集大成者。新疆考古发现了比波斯起源更早的拜火教遗址，所以其真正的创始人和起源地并不能确定。拜火教其实就是原始宗教对火的崇拜的一种发展，火对原始人的意义重大。随着人类发展，从火的概念发展出光明，与之相对的黑暗，进而引申出善与恶的伦理二元要素。辩证的二元哲学概念，形成了拜火教的哲学内涵。

魏晋至唐宋时期，我国的古代历史文献中都有对拜火教的记载。如《魏书》《新唐书》《旧唐书》等文献记载，于阗（今和田地区）、高昌（今吐鲁番地区）、焉耆等地“其俗好事天神”“俗事天神，兼信佛法”。[①] 这

① 李进新:《祆教在新疆的传播及其地域特点》,《西域研究》2007年第1期。

里的“天神”，指的就是祆教。敦煌千佛洞出土的《沙州伊州地志》中记载，当时哈密有一座祆祠，里面画满了祆教的壁画。祠主翟槃陀还曾前往长安拜见皇帝，因在长安表演了利刃穿腹术和神灵附体，并准确预言了一些国家大事，得到了皇帝的赏赐，并被封为“游击将军”。[①]祆教在吐鲁番地区尤为盛行，近年来，在吐鲁番地区出土的文书中，有不少关于祆教的内容，且出土了陶棺等祆教文物。伊斯兰教传入后，祆教便随之没落，宋朝以后不再见于文献记载。祆教在新疆盛行一时，并融入了民间信仰，成为民俗文化的一部分。如今新疆各民族仍然保留着这种民俗文化，比如哈萨克婚礼中新娘进男方家门时要跨过火盆，招待尊贵客人时羊头上要刻上十字，穆斯林双手掩面的祈祷手势（起源于拜火教的祈祷手势，为防止口水污染了圣火），[②]丧葬仪式上，塔吉克族遵循伊斯兰教的规定，实行土葬。但在葬礼结束后，“晚上要在屋里点燃‘奴克恰’——用木棍缠棉花蘸上酥油点燃的长明火，在火光中进行祈祷。扫墓时，也要点燃灯火念经祈祷”，[③]等等。祆教的重要节日“诺鲁孜节”[④]，也作为这些民族重要的传统节日一直保留到现在。

这里值得一提的是我国一项重要的考古发现，2013 年 8 月 14 日，《光明日报》报道了《帕米尔高原惊现拜火教遗址　黑白石墓葬群考古发现收获颇丰》。负责这项考古发掘的巫新华等专家认为，类似的太阳崇拜遗迹在帕米尔高原之外的新疆其他区域、青藏高原、中亚，乃至亚欧大陆都较为罕见。它是中国独一无二的墓葬遗址，是拜火教的文化遗存。而国际学术界对拜火教起源于古伊朗还是中亚尚未有定论，三年后，关于锶同位素的研究结果表示：拜火教只存在于当地人群中。也就是说并没有发现传入的痕迹，拜火教可能就产生于我国新疆。光这个铁一样的证据，就有力地

① 李进新：《祆教在新疆的传播及其地域特点》，《西域研究》2007 年第 1 期。

② 中国社会科学院巫新华研究员相关研究。

③ 李进新：《祆教在新疆的传播及其地域特点》，《西域研究》2007 年第 1 期。

④ 维吾尔、哈萨克、柯尔克孜、塔吉克等许多民族的重大节日，时间在每年的春分时节。这个节日源自祆教，是祆教教历规定的年首之节。

破除了“三股势力”所谓“我们的宗教是伊斯兰”的谣言。考古证据往往是驳斥这类胡言乱语最有力的证据，还有新疆各处的佛教石窟，更是不言自明。不仅如此，在此古墓群中还发现有来自中国南方的竹箅、丝绸，来自西方两河流域的玻璃或玛瑙的料珠、箜篌。这说明2500年前中国内地的物品已经被当地人大量使用，还能随墓主人下葬。[①]也证明了帕米尔高原至少在2500年前就是东西方文明交流的十字路口。在12号墓葬里，男尸肢体西侧有一用于火祭的容器。容器中间凿出圆坑，出土时中间还有15枚石子，圆坑的内壁被火灼得发黑。巫新华教授认定，十五枚石子是半月之数，明暗交界，这是典型的拜火教的葬俗仪轨。圣火坛是拜火教的标志，供奉神火是拜火教徒的头等大事，即使到了阴间，也不能放松与懈怠，故有圣火坛入葬的安排。拜火教遗址的发现填补了中国这一领域的考古空白，在人类宗教文化研究中具有非同寻常的意义。这一发现支持了中亚起源说，并有可能把中亚起源地定于塔里木盆地周边或直接定在帕米尔高原。

佛教在新疆的历史遗迹很多，佛教传入新疆的时间比伊斯兰教传入的时间还早了千年，长期主导着新疆文化，这是不争的事实。公元前1世纪前后，佛教经克什米尔首先传入于阗（今和田地区）。不久，又经中亚传入疏勒（今喀什地区）。此后佛教沿着丝绸之路南北两道相继传入且末、若羌、莎车、叶城、库车、阿克苏、焉耆、吐鲁番、哈密等塔里木盆地周围的各个绿洲。公元四五世纪时，佛教成为新疆的主要宗教，进入鼎盛阶段。当时，塔里木盆地周围的各个绿洲，佛寺、佛塔林立，僧侣成群；于阗、龟兹、疏勒、高昌等佛教中心相继形成；佛学研究和佛经翻译十分兴盛，并且达到了很高水平，出现了鸠摩罗什等许多著名的佛学大师和佛经翻译家。即使在莎车、叶城、喀什、哈密、伊犁等地的一些古老的清真寺中，仍可见到莲花图案或莲花宝座。艾提尕尔清真寺建筑内饰有佛

① 王瑟:《拂去尘沙——丝绸之路新疆段的历史印迹》，生活 · 读书 · 新知三联书店2018年版，第20—21页。

龛形状。吐鲁番、哈密等地在清真寺礼拜时用类似佛珠的串珠计数，部分清真寺有时在唤礼前或开斋前敲击木鱼样式的梆子，这都是与佛教文化交融的结果。文化的交流往往是双向的，佛教经新疆传入内地后，在内地酝酿发展成为汉传佛教系统，并又传回新疆，新疆的汉地佛塔遗址就是最好的历史证明，中华文明就是在这种交流交融中形成，你中有我，我中有你，彼此分明却又互为渊源。2012 年，新疆库车文物部门联合西北大学文化遗产学院，在对全国重点文物单位，苏巴什佛寺遗址进行考察时，发现了一处汉地佛塔遗址。此次汉地佛塔遗址的发现，有力地说明了西域与中原佛教文化的密切交流，汉地佛塔是吸收了中原汉唐建筑风格后建成的“密檐式”佛塔。这一佛塔与龟兹本地的佛塔有着明显不同，龟兹本地的佛塔为“覆钵式”[①]，此类佛塔在中亚南亚地区佛教建筑中比较常见，此处的汉地佛塔，是继哈密白杨沟佛寺遗址后，新疆发现的第三处汉地佛塔，与同时期的隋唐时代的西安大雁塔、小雁塔的形制相似，有力地说明了西域龟兹地区与中原源远流长的密切关系。[②]汉地佛塔传入后，又与龟兹本地佛教文化相融合，形成了新的风格。文化的交往是包容的，只是人的意识又将其割裂开来，好在历史遗迹不会说谎。656 年，唐朝将安西都护府移至龟兹，至此，龟兹与中原在佛教方面的交流就更加频繁，受汉地佛教的影响也更深。在这种历史条件下，龟兹佛教的文化艺术有了新发展，呈现出新特点，苏巴什佛寺遗址与汉地佛塔的出现，就是这一时期龟兹佛教文化艺术的代表。

道教在公元四五世纪传入新疆。不论是佛教，还是道教，都没有确切的传入时间，文化交流的范围和深度往往远超现有的研究成果，传入时间主要是根据史料遗迹考古遗迹而定。道教传入新疆后，主要在汉人比较集中的哈密、吐鲁番等地流传。哈密和吐鲁番是新疆进出中原地区的咽

① 高大基座上安置一个巨大的圆形塔肚，上竖一根长长的塔顶。塔顶上刻有许多的圆轮，再安置华盖和仰月宝珠，如北京白塔寺的白塔。

② 王瑟:《拂去尘沙——丝绸之路新疆段的历史印迹》，生活 · 读书 · 新知三联书店 2018 年版，第 140 页。

喉，从汉代起就是汉人活动的主要地区之一，也是中原文化传入最早、影响最大的地区之一。北魏以来，在吐鲁番地区相继出现了由阚、张、马、麴内地四姓豪门建立的汉族政权。唐朝统一新疆后，唐朝统治者推崇道教的政策进一步促进了道教在新疆的发展。当时，在佛教盛行的哈密地区，道教的宫观同佛教的寺庙数量相当，可见道教势力的强大。如今在新疆仍有一些道教文化遗迹，如乌鲁木齐红庙子，由庙门、前殿、正殿、后殿、戏台、厢房组成，正殿三间，内奉关帝圣君，是乌鲁木齐庙宇中规模较大的道教建筑；位于伊犁霍城县大西沟乡福寿山的福寿观；天山天池为西王母瑶池之所，更是道教圣地之一。特克斯八卦城因八卦布局而闻名，相传为长春真人丘处机西行路经于此，察觉此地人杰地灵，确立了八卦城的雏形。“民国二十六年（1937），邱宗浚依照《周易》后天八卦图的方位，设计了八卦城图形。企望天地交而万物生，上下交而其志同”[①]。

摩尼教又称“明教”。3世纪中叶由波斯人摩尼创建，他的目标是要建立一个世界性的宗教，超越一切的宗教传统。摩尼于25岁时在琐罗亚斯德教的基础上，吸取基督教、佛教、诺斯替教的教义精华，自称为上帝选派的最后一名“先知”。主张“二宗三际说”，宣扬善恶二元论，称宇宙间有善神与恶神，即光明之神与黑暗之神之争。[②]摩尼教的形成是吸收了袄教、佛教、基督教等宗教的特点，在宗教的标志物上也是如此，比如佛教的莲花图案是正的，摩尼教吸收了佛教莲花图案但方向与佛教相反，叶子向下倒过来。摩尼教在6世纪前后随着中亚摩尼教徒不断经商或定居而传入新疆。隋唐时期，新疆的中亚摩尼教徒与日俱增，他们在阿勒泰、吐鲁番、罗布泊等地定居下来，在当地形成了摩尼教徒聚居区，但并没有广泛传播。9世纪中叶，以摩尼教为信仰的回鹘（唐后期由回纥改名而来）迁入新疆，使得摩尼教迅速传播开来。回鹘人聚居的高昌地区，是摩尼教

① 魏凯旋：《城市景观中的文化融合——以新疆特克斯八卦城为例》，《保定学院学报》2009年第4期。

② 黎蔷：《波斯宗教文化与东方戏剧》，《戏剧艺术》1997年第3期。

东方教区主教的驻节之地，也是新疆摩尼教的中心。从吐鲁番出土的摩尼教寺院文书来看，当时在高昌、交河、唆里迷（今焉耆）等地，建立了大量的摩尼教寺院和宗教组织，出现了一支庞大的僧侣队伍，寺院经济十分发达。和佛教徒一样，高昌的摩尼教徒也十分重视石窟的开凿和宣扬摩尼教教义壁画的绘制，近年来在吐鲁番地区已发现了30多幅摩尼教的壁画，以及文物和遗址。后来，随着回鹘人改信佛教，摩尼教逐渐衰落。在内地，唐武宗会昌五年（845）灭佛时，摩尼教亦遭受严重打击，转而成为秘密宗教，并吸收道教及其他民间信仰，从而改称为金庸小说中我们熟知的“明教”。明教因相信黑暗将要过去，光明即将来临，故敢于造反，屡有反抗政府之举，其后明教又与弥勒信仰、白莲社等信仰相结合，从而在明代末年演变成白莲教。

景教是中国对基督教聂斯脱利派的称谓。传入新疆的时间大约在6世纪。初期主要流行于吐鲁番地区。西辽至蒙元时期，由于统治者实行宗教自由政策，景教迅速传播到新疆各地，进入其在新疆发展的鼎盛时期。当时新疆伊斯兰教中心喀什噶尔，成为景教25个行教区的第十九教区和主教驻节之地。意大利著名旅行家马可·波罗途经新疆时，看到沿途的喀什噶尔、叶尔羌、和田、轮台、伊犁、吐鲁番、哈密等地，都有景教的教堂或景教徒。这一时期信仰景教的维吾尔人很多，以至一些旅行家说，“在所有畏吾尔的城市中，都有聂斯脱利派教徒”，并产生了“畏吾尔人是聂斯脱利派的基督教教徒的错觉”。[①] 当时维吾尔人中还出现了马可斯和拉班·巴扫马两位十分著名的景教人物。[②] 两人在前往基督教圣地耶路撒冷朝拜途中，因遭遇战争停驻叙利亚。不久，马可斯就被马拉加城景教大总管委任为驻中国的“总主教”，后又被任命为景教东方教会“大总管”。拉班·巴扫马先被委任为“巡察总监”，后由马可斯推荐为蒙古驻波斯的宗

① 马品彦:《新疆多种宗教并存格局的形成与演变》,《新疆师范大学学报（哲学社会科学版）》2005年第4期。

② 同上。

王阿鲁浑出使欧洲诸国的使节。元代以后，除伊犁地区，景教在新疆已基本消失。

经过“安史之乱”，唐朝逐渐失去了对新疆乃至中亚地区的掌控与辐射，东西方势力此消彼长，伊斯兰教开始进入并深入新疆，伴随着长期的战争推进，最终将佛教排挤出去。16世纪初，在东察合台汗国的强制推行下，伊斯兰教最终取代佛教成为新疆的主要宗教。这一阶段，维吾尔等民族中的大部分人被迫接受了伊斯兰教。17世纪初，卫拉特蒙古人接受藏传佛教后，佛教又在北疆地区兴盛起来。之后，基督教、天主教、东正教也相继传入新疆。新疆的宗教格局演变并稳定成为以伊斯兰教为主要宗教、多种宗教并存的格局。接下来便详述伊斯兰教进入新疆的过程。

二、伊斯兰教伴随着武力推进而遍传新疆

前已有述，840年，维吾尔先民回纥部迁入新疆并分为两支。其中一支以高昌（今吐鲁番）为中心建立了高昌回鹘王国；由西迁回鹘的另一支在中亚建立了喀喇汗王朝[①]并扩张至喀什。两者分庭抗礼，并且均由摩尼教改信佛教。喀喇汗王朝的邻居便是萨曼王朝，他们信仰伊斯兰教。其欲扩张，喀喇汗王朝便首当其冲。9世纪中叶，萨曼王朝不断对喀喇汗王朝进行“圣战”。893年，喀喇汗王朝的副都怛罗斯被攻陷，喀喇汗王朝在中亚河中地区的势力大减，驻守怛罗斯的副汗奥古尔恰克迁往喀什噶尔。不久之后，萨曼王朝发生内讧，争夺王位失败的纳斯尔王子逃到了喀什噶尔并向奥古尔恰克寻求庇护。奥古尔恰克认为此时正可以利用萨曼王朝的矛盾，于是允许纳斯尔在喀什噶尔避难，还任命他为阿图什地区的行政长官，殊不知，这也是伊斯兰教进入新疆的开始。纳斯尔到了阿图什以后，不久就用了著名的“牛皮巧计”（提出在阿图什修建一座牛皮大小清真寺的要求，使一贯敌视伊斯兰教的奥古尔恰克放松警惕并同意了他的要求，于他宰杀了一头黄牛，把牛皮割成细条连接起来围了很大一块地，奥古

① 刘建丽：《两宋时期西北少数民族政权特色述论》，《西域研究》2007年第3期。

尔恰克金口已诺，此时也只能无奈答应）而修建了新疆历史上第一座清真寺，即阿图什大清真寺，[①]这便是伊斯兰教传入新疆的起源。

纳斯尔还进而把喀喇汗王朝的一名重要的成员，即大汗的儿子萨图克·布格拉汗秘密发展成穆斯林，取了一个“阿不都·克里木”的教名，伊斯兰教于是打入喀喇汗王朝上层。萨图克·布格拉汗在纳斯尔的帮助下开始了秘密传教，慢慢地在他周围聚集了几百名穆斯林。当然，他也只是利用伊斯兰教进行政权的争夺。终于在 910 年（一说 915 年），萨图克·布格拉在中亚穆斯林的支持和帮助下，依靠穆斯林武装发动宫廷政变，如愿登上了喀喇汗王朝的汗位，新疆的伊斯兰化由此开始。萨图克·布格拉父子在官方层面以权力强制推行伊斯兰教，在民间层面则与中亚联系日渐密切，喀喇汗王朝百姓渐渐被伊斯兰文化熏染影响。此时整个中华大地都处于分裂混战状态，中原大地群雄割据，对西域亦无力控制。伊斯兰教于是在喀喇汗王朝快速发展。仅 960 年，便有 20 万帐，100 万至 120 万游牧民接受伊斯兰教。同年，萨图克·布格拉汗的继任者，其子穆沙·阿尔斯兰汗宣布伊斯兰教为喀喇汗王朝的国教。至此，伊斯兰教经过两代统治者约半个世纪的推行，终于成为喀喇汗王朝的主要宗教，而他们的同胞高昌回鹘此时还在虔诚地信仰佛教。

此时，与之并立的还有位于新疆西部与南部的盛行佛教和汉文化的于阗国，其中心就在今天的和田地区。当时，于阗王叫尉迟僧乌波，他深受汉文化影响，崇尚儒学，习汉语，穿汉服，并用中原礼仪。他即位后给自己起了一个汉名叫李圣天。唐玄宗天宝年间，于阗王尉迟胜入唐，唐玄宗嫁以宗室之女，并授予右威卫将军、毗沙府都督。安禄山起兵叛乱，尉迟胜亲自率兵赴中原之难，平乱后终老于长安，也就是说，于阗王是唐朝的女婿。更早的时候，在尉迟家族建立于阗政权之初，部分居民的来源为中原移民，这就是说，于阗原住民身上的中原血统非常浓厚，汉化程度也非常高。李圣天深受汉文化影响，他继位时，由于于

① 马品彦:《正确阐明新疆伊斯兰教史》，新疆人民出版社 2001 年版，第 19 页。

阗久陷吐蕃，又因中原唐末五代战乱，造成于阗同内地的交通断绝。当时的他并不知唐朝已经灭亡，却按照中原朝廷的惯例，采用内地通行的年号。同时，行政建制和职官制度也处处模仿唐朝，坚持对中原王朝的臣属关系，认为于阗是中央政府下属的地方政权。虽然与中原朝廷联系不上，李圣天却很快与沙州（敦煌）政权接上关系。其时，张议潮举兵打败吐蕃，在敦煌建立张氏政权，得到于阗的支持和拥戴。李圣天自称“大于阗汉天子”，称沙州张氏为舅，[①]从此双方交往十分频繁。后来，沙州张氏政权后继者争权夺利，自相残杀，终于在后梁贞明六年（920），沙州实权旁落长史曹议金手中。曹氏统治敦煌期间，和于阗的关系更加密切，两地使者、僧侣来往不断。曹议金（张议潮外孙婿）把次女嫁给于阗王李圣天为后，李圣天第三女又嫁给曹议金之孙曹延禄为妻。在莫高窟中，李圣天画像头戴王冠，一身宽衣博带、雍容华贵的汉地装束，旁边的题记是“大朝大宝于阗国大圣大明天子”，这里的“大朝”也是李圣天对唐朝的称呼。960 年，听闻赵匡胤建立了宋朝，一直渴望国家统一和安定的于阗王李圣天，为之欢呼雀跃、不胜欣喜。他立即派使者前往开封，向宋太祖表示祝贺和归属之意，并进贡了玉圭、玉匣、玉枕等物。此后，双方使者、僧侣、商人来往频繁。李圣天还派其子多次赴朝，加强与中央王朝的联系。

萨图克·布格拉汗父子强制推行伊斯兰教的做法，遭到佛教及其他宗教信徒的强烈不满和反抗，各地不断发生反对强制改宗伊斯兰教的暴动。信仰佛教的于阗王国和高昌回鹘王国对喀喇汗王朝的做法也十分不满，所以对喀什噶尔等地佛教徒的反抗给予了支持。962 年，穆沙·阿尔斯兰汗以此为口实，发动了对于阗王国的“圣战”。于阗在信奉佛教的高昌回鹘和吐蕃的支持下，经过了 8 年的战争一度占领了喀什噶尔，当地的居民望风归顺，穆沙·阿尔斯兰汗战败后逃往中亚。于阗很快派人向宋朝汇报，当时派往宋朝的使者是一名叫吉祥的佛教僧侣，送给

① 殷晴：《于阗尉迟王家世系考述》，《新疆社会科学》1983 年第 2 期。

宋朝的贡品就是从喀什噶尔缴获的一头会跳舞的大象。《宋史》记载：开宝四年（971 年），“其国（于阗）僧吉祥以其国王书来上，自言破疏勒国得舞象一，欲以为贡，诏许之”。[①] 于阗之所以要向宋朝报告战况并进贡大象，一方面是地方政权向中央政权应有的例行公事，另一方面也是对宋朝在战争期间给予于阗道义上的支持表示感谢。这时候，在位 55 年的李圣天已经去世了，但他的子孙们依旧保持了与中原王朝的友好关系。他的儿子尉迟苏拉给自己取名李从德，依然心向中央，作为西部边陲的守护者。

喀什噶尔之战后，很长时间里双方互有胜负，战争呈拉锯状态。其间，穆沙·阿尔斯兰汗去世。其子阿里·阿尔斯兰汗继位后，继续同于阗进行战争。数十年的战争，耗尽了于阗的所有国力，而这个时候的宋朝刚刚建立不久，强敌环伺，自顾不暇，根本没有能力发兵或者遣送物资给远方的于阗。所以于阗看似在战场上取胜，但国力已经大不如前。998 年，双方在今英吉沙与疏勒交界处展开激战，可汗阿里·阿尔斯兰汗阵亡，喀喇汗王朝大败。第二年喀喇汗王朝消灭中亚的老对手萨曼王朝后，将中亚的军队调往新疆，投入同于阗的战争中。这支生力军的参战，使战争形势急转直下，喀喇汗王朝的军队一直挺进到于阗城下，经长期围困后于 1006 年攻陷于阗城，于阗王国灭亡。[②] 于阗国灭亡后，于阗的佛教徒凭借天时地利人和的有利条件，同伊斯兰占领者展开了激烈战斗，大约持续了半个多世纪才逐渐平息下来。两国之间的冲突总共持续了近一个世纪，关于这场战争，至今和田民间仍有“百年战争”之说。[③] 喀喇汗王朝以战争的方式将伊斯兰教传播到于阗地区，佛教也结束了在这个地区千余年的统治地位。从此，佛教势力退出了塔里木盆地西部和南部地区。

① 段玉明：《于阗僧人法藏使宋补证》，《兰州学刊》2010 年第 10 期。

② 《中国新疆地区伊斯兰教史》编写组：《中国新疆地区伊斯兰教史》（第 1 册），新疆人民出版社 2000 年版，第 97 页。

③ 马品彦：《正确阐明新疆伊斯兰教史》，新疆人民出版社 2001 年版，第 26 页。

在喀喇汗王朝与于阗王国的战争中，高昌回鹘由于支持于阗，因此与同为回纥人的喀喇汗王朝的关系逐渐恶化，喀喇汗王朝对信仰佛教的高昌回鹘恨之入骨，接下来轮到高昌独自奋战。马赫穆德·喀什噶里在他的《突厥语大词典》中称不信仰伊斯兰教的高昌回鹘人是“最凶恶的敌人”。喀喇汗王朝灭掉于阗后，不久就发动了针对高昌回鹘的战争，回纥开始了兄弟之间的同室操戈。尔后攻入了高昌回鹘境内的喀喇汗王朝军队，对被他们视为“盗贼和恶狗”的同胞，进行了残酷的杀戮。《突厥语大词典》中收录了多首有关这次战争的诗歌记载：“我们进行夜袭，我们四周包围，我们斩去其额发，我们砍杀孟拉克（高昌回鹘地名）人。”[①]喀喇汗王朝的军队所到之处，像在于阗一样，不仅对不信伊斯兰教的回鹘人进行了残酷的屠杀，对回鹘佛教寺院也进行了大肆破坏，《突厥语大词典》记载：“我们如潮水而至，攻陷了大小城池，佛像庙宇全捣毁，给菩萨拉屎撒尿。”[②]不过，此次战争终因喀喇汗大汗阿赫马德·托干汗病重而撤军停战。之后，喀喇汗王朝因为内部矛盾而分裂为东西两个政权，陷入内斗。此时的高昌回鹘王国仍然盛行佛教，与信仰伊斯兰教的喀喇汗王朝，并立天山南北，北疆以佛教为主，南疆以伊斯兰教为主。

1124年，宋金合力灭辽，耶律大石西迁，在新疆建立了西辽。由于契丹人在辽国时期就已经与中原政权频繁来往，军事政治制度早已汉化，综合实力更加强大。因此耶律大石的军队在新疆所向披靡，基本没有遭到激烈的抵抗就成功建国。高昌回鹘在内的诸多政权，很快就臣服于西辽。西辽随后又进行西征，灭掉了西喀喇汗王朝，并在河中地区击败了西喀喇汗的宗主国塞尔柱帝国，遏制了伊斯兰教在新疆和中亚的进一步传播。但西辽之地仍然是强敌环伺，最终在1218年向蒙古军队投降。成吉思汗在征服西域后将此地分封给他的二子察合台，建立了“察合台汗国”。察合

① 马品彦：《新疆多种宗教并存格局的形成与演变》，《新疆师范大学学报（哲学社会科学版）》2005年第4期。

② 同上。

台汗国前期，蒙古统治者遵守成吉思汗的法令对各种宗教一视同仁，不强制推行任何宗教。而在 1353 年，秃黑鲁·帖木儿汗接受了伊斯兰教，改变了祖先原定的政策，之后他强迫蒙古王公大臣都皈依伊斯兰教，接着又在额西丁和卓家族的支持、配合下，在全汗国境内强行推行伊斯兰教，不久，阿力麻里就有 16 万蒙古人集体加入了伊斯兰教。在秃黑鲁·帖木儿汗的支持下，名为库车伊斯兰社团的伊斯兰组织进入库车，强迫当地佛教徒改信伊斯兰教，库车的佛教徒进行了顽强反抗，秃黑鲁·帖木儿汗很快派兵进行镇压。库车伊斯兰社团趁机对库车的佛教徒进行了残酷的迫害，对佛教文化进行了毁灭性的破坏。他们强迫佛教徒改信伊斯兰教，对抗拒者大肆屠杀，并拆毁佛教寺院，捣毁佛像，焚烧佛教经典，具有 1000 多年历史的库车佛教文化几乎被破坏殆尽。继于阗之后新疆的又一个佛教中心就这样烟消云散。

秃黑鲁·帖木儿汗的后裔继续把伊斯兰教作为维护统治和进行扩张的工具。在黑的儿火者汗执政后不久，发动了对吐鲁番的战争。在攻占吐鲁番之后，狂热的穆斯林士兵对佛教徒进行了血腥屠杀，对佛教文化进行彻底的破坏。近代出土的古代文献往往带有人为破坏的痕迹，有的是被撕毁的，有的则是被烧毁的，而这些被烧毁的残卷多是当时伊斯兰占领者在火烧寺院的时候，因房屋或院墙倒塌，被压在下面才得以保存下来。在一些佛教寺院的遗址里，还发现了无数被撕得粉碎的佛教典籍浸泡在被杀僧侣的血泊之中，经过几百年已经凝结成硬如石块的东西，旁边还有缺头断足的尸骨。继黑的儿火者汗之后的穆罕默德汗又是一个极端狂热的伊斯兰教的推行者，穆斯林史书《中亚蒙兀儿史——拉失德史》记载，穆罕默德汗规定，所有的蒙古人都必须接受伊斯兰教，遵守教规，按时礼拜，并要带上“缠头巾”，违者严加惩处。惩罚措施极其严厉，包括用马掌铁钉入犯者的头颅骨。[①] 察合台汗国的蒙古人在这种严刑峻法的逼迫下，都被迫

① 马品彦:《新疆多种宗教并存格局的形成与演变》,《新疆师范大学学报（哲学社会科学版）》2005 年第 4 期。

接受了伊斯兰教，并逐渐融入维吾尔等民族中。直至16世纪初，伊斯兰教最终将佛教势力排挤出了哈密。至此，伊斯兰教自传入以来经过6个多世纪的传播，最终取代了佛教，成为新疆地区的主要宗教，形成了以伊斯兰教为主、多教并存的局面。

三、分清楚“泛清真”“宗教极端主义”与“正信伊斯兰教”

前面的论述内容，将维吾尔族与突厥剥离，又将维吾尔族与伊斯兰教信仰剥离，从历史的角度来看，已经较为清晰。三股势力所进行的荒唐却不乏蛊惑性的宣传，在历史史实面前却不堪一击。接着再进行一层剥离，就是将伊斯兰教从“泛清真”与“宗教极端”中解放出来。宗教极端与宗教之间是利用与被利用的关系，而非从宗教中衍生出来的。以伊斯兰教为例，宗教极端主义利用了伊斯兰教，将伊斯兰教贴上了宗教极端的标签，其背后的目的就是增加穆斯林与非穆斯林之间的张力，四处制造分裂，以达到不可告人的政治目的，这与西方推行的所谓“民主”与“自由”在本质上是一样的，属于“观念武器”。“泛清真”也是一样，是在伊斯兰教上贴的标签，目的依然是进一步加大穆斯林与非穆斯林之间的鸿沟，激化矛盾，以便达到政治目的。信仰伊斯兰教的广大穆斯林，便是这些政治手段的工具与直接牺牲品。

于是需要将正信伊斯兰教从这些标签中剥离出来，还伊斯兰教一个本来面目，把伊斯兰教回归到信仰的层面，而非政治目的的奴隶。伊斯兰教本身主张中道、宽容、和平，强调善行的重要性，前文也多次提到，“爱国是信仰的一部分”激励了中国穆斯林投入抗日救国的斗争中，为抗日做出了重要的贡献。伊斯兰教追求后世却不忘今生，强调穆斯林要为今生的美好生活而努力，为两世吉庆而奋斗。而一旦被宗教极端者利用，伊斯兰教便有了一些虚假的特点即所谓排他性、暴力性等特点，令人望而生畏。宗教极端只是打着宗教的幌子，从本质上来说宗教极端恰恰是反宗教的，只不过是以极端的暴力甚至恐怖的手段来实现政治目的。新疆的民族分裂分子以宗教极端主义为工具，蛊惑无知群众，其根本目的就是分裂祖国。宗教极端本质上是政治问题。

“清真”概念也只是伊斯兰教饮食方面的文化特点，后来被宗教极端主义盯上，利用穆斯林群众的单纯质朴，把清真概念扩大到饮食以外的方方面面，以此来造成思想的分裂、生活的分裂，其最终目的就是分裂祖国。新疆甚至曾出现过所谓的“清真牙膏”“清真肥皂”“清真盐”“清真纸”“清真化妆品”等，这直接造成了穆斯林群众与非穆斯林群众之间的隔阂与矛盾。其实，“泛清真”是“三股势力”在新疆发起的一场有预谋、有计划的无硝烟战争，它隐蔽性、蛊惑性强，影响长远且破坏力大。在新疆尤其是南疆农村，一些群众受到“泛清真化”的影响，不住政府修建的富民安居房，结婚时不领结婚证，不买内地生产的生活用品，等等。甚至出现将政府修建的学校和清真寺也划为异类，出现了不到清真寺做礼拜，不让孩子上学等情况。“三股势力”通过“泛清真化”来扭曲宗教，蒙骗和裹挟群众，进行分裂活动。

综上所述，我们用考古证据、科学证据与历史史实，清晰地说明了维吾尔族并非突厥的后裔，伊斯兰教也只是新疆历史上一个年轻的文化，维吾尔先民曾长期信仰佛教、摩尼教等多种宗教。直到 16 世纪，伊斯兰教才成为新疆的主导性宗教，还说明了伊斯兰教与宗教极端并无关系，宗教极端从根本上来说是政治阴谋，伊斯兰教是倡善行与中道的宗教信仰。将民族与宗教从政治问题中剥离出来后，下一节将以史料为支撑，主要谈论历史上新疆与中央政府的关系问题。

第三节　新疆自古以来就是中华文明的有机组成部分

新疆自古以来是中华文明的组成部分，这似乎与往常提及的“领土的一部分”不同，其实不然。政权上的隶属关系往往是从一个标志性的事件或者说标志性的朝代开始，而这只是我们能看得见的“结果”。在这个结果之前则是更为长期的酝酿过程，这个过程就是文化上的一体化，文化上形成了整体，进而形成了政权上的隶属关系，这就是中华文明几千年来未曾中断的原因。中国的形成是在文化的一体上形成的，由此形成向心力，向四周辐射。如果以军事上的征伐为主而形成的版图，则很难长久地维持一个整体状态，最终走向分裂。中华文明很早就是多元一体，向周边辐射的格局。根据考古学的研究，在我们熟知的汉代“丝绸之路”形成之前的一千六百多年前，曾有一条“玉石之路”，将中华文明的四片区域连接起来，即阿里、和田区域，甘青河湟区域，河南、山西区域，以及江浙南方区域。[①] 玉石的输送与人流的往来使得中华文明多元一体的格局不断清晰，这四处也共同形成了上古中国文化的整体结构，并以此为基础向外辐射。新疆、西藏在此时甚至更久远的历史阶段，便已是中华文明的有机组成部分，只是汉朝之后开始成为中央政府政权的隶属范围，之前的发展则是文化的交融。

一、新疆地区从汉代开始成为中国的重要行政区划

前已有述，就中华文明而言，中华文明的共同体的形成在先，政权归属形成在后，这是因果关系。就新疆政权上的归属来说，在汉代，新疆成为中央政府的重要行政区划，纳入中央政府版图之中。岳飞的“壮志饥餐胡虏肉，笑谈渴饮匈奴血”[②] 这句词，我们耳熟能详，其背后的历史故事与汉代中央政府对新疆的治理有关，既是可歌可泣的历史故事，又是中央政府对新疆管理的历史证据。

西域有两个著名的神秘古城，那就是楼兰古城与疏勒古城。经过考古研究确认，在距离现在的喀什疏勒县城2000公里以外的昌吉回族自治州奇台县半截沟镇麻沟梁村东北部的“破城子”遗址就是汉代的疏勒城。

---

① 龙西江:《论藏汉民族的共同渊源——青藏高原古藏人“恰、穆”与中原周人“昭、穆”制度的关系》,《战略与管理》1995年第3期。

② 岳飞:《满江红 · 写怀》。

东汉名将耿恭将军率军在此抗击匈奴，守护西域，立下了不朽战功，击退了数倍于自己的匈奴军队长达 7 个多月的围攻，坚决捍卫了祖国统一。从 75 年 7 月至 76 年 1 月，在长达 7 个多月的时间里，耿恭率领数百将士坚守疏勒城，与来犯的两万余骑匈奴兵展开了艰苦卓绝的战斗。当时汉朝的国力已不如前，匈奴进犯，西域都护府以北都被匈奴占领，疏勒城已是一座孤城，当时又值汉明帝、汉章帝更替时期，汉朝无暇西顾，耿恭带领将士们孤军作战。疏勒城已被围困，在断水断粮的情况下，将士们甚至用树皮草根充饥，匈奴单于在汉军最困难的时刻以名利财富诱惑耿恭，并派人劝降。耿恭将军站在城墙上，当着匈奴人的面，亲手把前来的劝降者杀掉。7 个月后朝廷终于派出援军，当他们打退匈奴来到疏勒城下时，大雪已经淹没城池，仅剩下包括耿恭在内的 26 名将士还在守城。在返回的路上，汉军又被匈奴追杀，到 3 月退至玉门时，耿恭所部只剩下 13 人，这便是著名的“十三将士归玉门”的故事。耿恭将军的事迹感动着后人，宋代李龙高在《竹梅》诗中写道：“落落丰标霁月怀，棱棱寒碧隔风埃。耿恭也有孤高节，岂但苏郎齿雪来。”[①]清代诗人萧雄在路过疏勒城时留下了《耿公井》诗文：“疏勒城中古井深，飞泉千载表忠忱。”[②]耿恭将军这一可歌可泣的故事，足以佐证新疆自汉代以来就是中国领土的重要组成部分这一历史定论。

“西域”其实是一个广大的概念，当时我们将国家西边未知的区域统称为西域，西汉与匈奴对峙之时，西域便开始明朗起来，从来都是两方要争取的战略第三方。冒顿单于[③]在公元前 176 年致信汉文帝说自己已经派地处河西走廊的匈奴右贤王打败了月氏、楼兰、乌孙等西域国家。从此，汉朝知道了这个战略第三方，是我们可以探索和争取的对象，未知

① 王瑟：《拂去尘沙——丝绸之路新疆段的历史印迹》，生活 · 读书 · 新知三联书店 2018 年版，第 203 页。

② 同上。

③ 冒顿单于（公元前 234—公元前 174），挛鞮氏，匈奴军事统帅，于公元前 209 年杀父而自立。他首次统一了北方草原，建立起强盛一时的匈奴帝国。

的“西域”开始明朗起来。汉武帝时，在与匈奴的对峙中，西域的战略地位愈加明显，于是便有了张骞出使西域，丝绸之路的概念自此有了依托。“断匈奴右臂”中的“右臂”说的就是西域。当时西域的数十个“国家”，与其说是国家不如说多数是大小不一的聚落或者部落，少数具有一定规模，他们各自为政，没有统一的区域性政权。历史记载他们多为“城郭国”与“行国”两类，城郭诸国小而分散，不相统属，是西域地区特殊地理景观的产物，在沙漠里分散的绿洲上生息的人民有城郭田畜，而在山谷的居民则随畜逐水草而居，过着迁徙生活，称为行国。荀悦《汉纪》最早列出三十六国的名目，将三十六国分为两等。其中二十七国是“小国”，“小者七百户，上者千户”，另外九国是“次大国”，“小者千余户，大者六七千户”，暗示了乌孙、大宛等国是“大国”。[①]西域夹在中原政权与匈奴之间，归于一方是大势所趋，而当时汉王朝无论是文明程度还是综合国力都远胜于匈奴，匈奴从严格意义上来说也不能算是一个稳定的国家或者历史悠久的发达文明体，只是个武力强大的部落联合体，这种形态也注定难以长久，终会被中原文明的向心力吸引。因此，西域归附并向心于汉朝，是历史的必然。而且就这三方的文明程度来说，汉朝高于西域，西域高于匈奴，匈奴只看中了西域的富庶，汉朝则看中与西域的文化交流和通商贸易，大家的视角也有所区别。西域的城郭绿洲之国也与中原王朝的模式有相似之处，更为亲近。中华文化的思想不是向外扩张，而是培养自身的向心力。前文我们看到外来穆斯林到中国经商通好，或者进行文化的交流，无不被中华文明所感染而融入中华文明，于是有了我们现在的回族。这就是《论语》中所谓“远人不服，则修文德以来之。既来之，则安之”。[②]这便是中华文明之所以能长盛不衰的主要原因之一。我们从张骞出使西域的目的便可以看出中华文化的理念在外交事务中的体现，他出使的初心就是想团结西域共同抗击匈奴。他邀请月氏返回祁连山，或者邀

---

① 周振鹤：《西汉西域都护所辖诸国考》，《新疆大学学报（哲学社会科学版）》1985 年第 2 期。

② 《论语 · 季氏将伐颛臾》。

请乌孙回到河西走廊，目的都是如此。中华文化在外交事务中的表现，就是强调以文化之、求同存异，向心力是国家形成发展的核心。

西域都护府是在张骞出使西域近百年后，由汉武帝曾孙汉宣帝刘询于公元前60年所立。西域都护府的设立，意味着西域在行政区划上归入西汉，西汉的政令得以贯彻到西域各部，意义重大。提到西域都护府，不得不提到一个人，那就是郑吉。郑吉是西汉会稽郡（今江苏苏州吴中区）人。他参军后因为数次出使西域而被封为郎官。汉宣帝时期，郑吉以侍郎而屯田渠犁（今新疆维吾尔自治区轮台县附近）。当时车师（今新疆吐鲁番附近）与汉为恶，郑吉于是发兵攻破车师从而立了军功，而后负责保护鄯善前往西域的南道。汉宣帝时，匈奴内乱，匈奴日逐王意欲降汉，郑吉又发兵五万迎日逐王，妥善处理了此事。经过这两件事后，郑吉名声大噪，威震西域。于是又有了一并保护车师前往西域北道的职责。郑吉此时一并保护南道和北道，所以就有了“都护”之说，也就是“一并保护”之意。郑吉也成为西域都护府第一任都护。汉宣帝嘉其功，封郑吉为安远侯，西域都护府治所在地为乌垒城（今在新疆维吾尔自治区轮台县东北）。从此，西汉对西域的治理将军事与行政二者统一起来，新疆在那时候便在行政上归入汉朝版图，所谓“汉之号令班西域矣”。[1]下面再来看看汉朝对西域进行有效治理的证据，也就是说，虽然新疆归入中国版图，但是否有效治理，也要用史料进行论证。西域是中央政府的政令统一贯穿，而非只是名义上所谓的保护国或者附属国等性质，从一段史料即可证明。

《汉书·西域传》记载：“于是徙屯田，田于北胥鞬，披莎车之地，屯田校尉始属都护。……都护治乌垒城，去阳关二千七百三十八里，与渠犁田官相近，土地肥饶，于西域为中，故都护治焉。”[2]“最凡国五十。自译长、城长、君、监、吏、大禄、百长、千长、都尉、且渠、当户、将、

① 《汉书·郑吉传》，引自田卫疆：《“西域”的概念及其内涵》，《西域研究》1998年第4期。

② 《汉书》卷九十六《西域传》。

相至侯、王，皆佩汉印绶，凡三百七十六人。”[①]其中的主要内涵是，西域都护府有其设置的行政中心，辐射和保护整个西域，且中央政府在这里驻兵屯田；随着汉代西域都护府的设立，已归附于汉朝的西域各地方政权都成为西域都护府辖下的基层组织，西域都护通过授予诸地首领印绶来行使西域的管辖权；西域基层各级官吏，由西域都护府提议，报请中央政府批准，受汉朝册封，赐印绶，以管理地方。说到底其实就是地方官吏由中央任命，地方军队由中央调遣，行政、军事、外交皆归中央政府。由此可知，中央政府对新疆地区进行的是有效治理，这一点无可置疑。

二、汉代之后新疆地方政权心向中央政府的历史事实

新疆自汉代归入之后，便成为我国领土神圣不可分割的一部分，历朝历代，无论在何种情况下，新疆地方政权都心向中央，这样的历史记录常见于史书之中，更证明了这一历史定论。西汉时期，莎车王延常告诫其子“当世奉汉家，不可负也”[②]。其长子继位时，正值两汉更迭交替，他谨遵父亲遗志，继续协同西域都护，维护当地社会秩序。西汉灭亡后，西域都护李崇也在混乱中失踪，莎车王康尽最大努力收容和保护原来西域都护府所属的1000多名没能撤走的官吏、士兵和他们的家属，使其免遭匈奴残害。此间中原群雄纷纷自立，莎车王康即刻派人前往河西走廊，面见大将军窦融，并“自陈思慕汉室”[③]的家族传承，多次请求重置西域都护，延续新疆稳定局面。东汉时期，中原政局动荡，班超奉旨回朝，于阗王广德及百姓哭泣道“依汉使如父母，诚不可去”并“互抱超马腿，不得行”。[④]班超深受感动，毅然上书朝廷，决定留下来，继续维护西域稳定

① 殷晴：《汉唐西域民族政策述论》，《西北民族研究》1992年第1期。

② 赵炳清：《历史时期喀什多民族文化的交流与整合——兼论维吾尔文化形成的基础》，《地域文化研究》2017年第1期。

③ 殷晴：《汉代西域人士的中原憧憬与国家归向——西域都护府建立后的态势与举措》，《西域研究》2013年第1期。

④ 殷晴：《汉代西域人士的中原憧憬与国家归向——西域都护府建立后的态势与举措》，《西域研究》2013年第1期。

与国家统一。班超之子班勇出任西域长史时，同样得到于阗王义无反顾的支持，于阗成为西域长史驻地。

唐朝统一西域后，于阗继续得到唐王朝的肯定与重视，成为著名的“安西四镇”之一。755年，安史之乱，举国震荡，于阗王尉迟胜，以国家安危为己任，毫不犹豫地将王位让与其弟，亲率士兵赴南平叛，事后尉迟胜为加强于阗与中原地区的联系，婉拒其弟归还王位的请求，留京师宿卫。多年后，尉迟胜长子尉迟锐继承了父亲的遗愿，再次放弃了王位，选择成为唐德宗宿卫。北宋时期，喀喇汗王朝派遣使者，于1081年朝贡宋朝，上表称宋神宗为“东方日出处大世界田地主汉家阿舅大官家”[①]。同一时期，喀什人马赫穆德·喀什噶里在其《突厥语大词典》中，将当时中国分为“上秦”“中秦”和“下秦”三部分，三位一体是完整的“秦”，即中国，喀喇汗王朝自认为是“秦”的一部分。在《长春真人西游记》中记载，当地人把汉人称为“桃花石”，而在《突厥语大词典》中将回鹘人称之为“塔特·桃花石”，有人将此直译为“中国回鹘人”，[②]可谓恰如其分，以此表示维吾尔先民是中国人的组成部分。

清朝时期，吐鲁番的额敏和卓、库车的米尔扎·鄂对等维吾尔族首领在平定大小和卓叛乱的过程中，因功勋卓著而彪炳史册。吐鲁番的苏公塔、库车王府遗址正是这段历史的有力见证。在军阀阿古柏侵略新疆的黑暗日子里，南疆维吾尔族人民“在街头巷尾成群结队地一起谈论着汉人即将到来的消息，不管这些消息是真是假，人们总是按照自己的心意编织出许多故事相互宽慰”[③]。喀什噶尔等地许多维吾尔族伯克都秘密保藏着当年清政府颁赐的官服翎顶。他们还派遣商人拜合提等人翻山越岭，于1875年2月到达塔城，求见署理伊犁将军荣全，表示不甘为奴，愿为清政府效力的心愿。整个收复

① 黄纯艳:《“藩服自有格式”:外交文书所见宋朝与周边诸国的双向认识》,《学术月刊》2008年第8期。

② 田卫疆:《〈突厥语大词典〉“秦（桃花石)”一词释读》,《新疆师范大学学报（哲学社会科学版)》2017年第3期。

③ 纪大椿:《阿古柏对新疆的入侵及其复灭》,《历史研究》1979年第3期。

新疆之战中，新疆各族人民“或为向导，或随同攻伐”[①]，类似记载不绝于书。维吾尔文史书也记载着“没有一个城镇向皇帝陛下的大军射过一粒子弹。相反，很多城镇的好人还为皇帝的大军做了力所能及的事”[②]。

抗日战争时期，新疆各族人民团结一致，同仇敌忾，保家卫国。他们先是热情接纳了四万余名东北抗日义勇军将士及其家属进入新疆；抗日战争全面爆发后，新疆各族人民爱国热情空前高涨，各族人民积极捐款捐物，支援抗战，保障了国际援华大通道的畅通，有力支援了抗日前线。在此期间，新疆维吾尔族涌现出了大批可歌可泣的人物事迹：和田县一维吾尔族平民艾沙，因家中贫困，无力为抗日捐献，便执意将18岁儿子玉素甫送至前线，嘱咐其子“以力抗战日寇，牺牲国家，以顺其愿。倘其子不忠实抗战，打倒日寇，即系不孝，如无该子，宁死不见子面”；[③]1944年，因海岸运输线和滇缅公路先后被日寇截断，大批国际援华的武器弹药、医疗器械滞留印度，难以运抵中国，为了尽快解决这一问题，新疆省政府临时组建一支以汉族技术人员和维吾尔族人民为主的驮工队承担了这一任务，他们历经艰难险阻，翻越昆仑生命禁区，舍生忘死地完成了这一使命。在这一过程中，维吾尔族等少数民族驮工队员在知晓自己所为是支援抗战，毅然放弃了本该获得的优厚报酬，直至抗战胜利。为了运送抗日物资，喀什各族人民动用了数以千计的人力和畜力。投入运输援华抗日物资的马匹计5000余匹，死亡马匹近十分之一。历史史实生动地说明了自汉代以来新疆心向中央政府的情况，新疆无疑自汉代以来便是我国领土神圣不可侵犯的一部分，无论是文化，还是行政归属上，都是其有机组成部分，接下来将用考古学的各种证据进一步进行确证，多方证明其无可辩驳性。

---

① 纪大椿:《阿古柏对新疆的入侵及其复灭》,《历史研究》1979年第3期。

② 同上。

③ 尹伟先:《论新疆各族人民对抗战做出的贡献》,《西北民族大学学报（哲学社会科学版)》2015年第5期。

三、考古学的相关证据

（一）“五星出东方利中国”护臂的发现

1995年10月，中日尼雅遗址学术考察队成员在尼雅遗址一处古墓中发现一件汉代蜀地织锦护膊，为国家一级文物，收藏于新疆博物馆，被誉为20世纪中国考古学最伟大的发现之一。墓葬合葬的两人中，其中一具尸体的右臂上绑着一段色彩鲜艳的织锦，呈圆角长方形，织有八个汉隶文字：“五星出东方利中国。”这八字有出处，现存最早的记载见于《史记·天官书》：“五星分天之中，积于东方，中国利；积于西方，外国用兵者利。五星皆从辰星而聚于一舍，其所舍之国可以法致天下。”①古代的“五星”指岁星、荧惑星、镇星、太白星和辰星。

“五星出东方利中国”织锦出土时，和作为随葬品的弓箭、箭箙、短剑鞘等物品放在一起。新疆文物考古研究所研究员于志勇认为，“五星出东方”是指五大行星在一时期内同时出现于东方天空即“五星连珠”或“五星聚会”现象；“五星出东方利中国”即出现五星共见于东方之天象，则于中国地区的军国大事有利。②此外考察队还发现了另外一块织锦，上面写着“讨南羌”，南羌就是汉代占据青藏高原的羌人，因为他们在河西走廊之南，故称之为南羌。这两块织锦连起来，整个意思就是“五星出东方利中国讨南羌”。③也就是出现此天象，有利于这次战争。其实“五星出东方利中国”是中国古代星占用辞，是古代先民观察五大行星运行变化而归纳总结出来的占辞术语。被占星家们赋予了特殊的星占学意义：将五星视为五行之精，天之五佐，佐天行德；现实关怀的是——战争胜负、王

① 李祥林：《奇锦通西域 丝路有故事》，《文史杂志》2017年第6期。

② 王瑟：《拂去尘沙——丝绸之路新疆段的历史印迹》，生活·读书·新知三联书店2018年版，第50页。

③ 王瑟：《拂去尘沙——丝绸之路新疆段的历史印迹》，生活·读书·新知三联书店2018年版，第51页。

位安危、年成丰歉、水旱灾害等政治、军国大事。[①]《汉书 · 赵充国传》记载：汉宣帝神爵元年，派兵平定羌人的叛乱。行前，宣帝赐书："今五星出东方，中国大利，蛮夷大败"。[②]后果然大胜。此处汉宣帝将"五星出东方利中国"占星术语用在了督促、鼓励对羌人作战的诏书里。这件织锦很可能就是此次战争的实物见证。目前学者们已经推算出，2040 年 9 月 9 日，将会再次出现罕见的五星聚会天文奇观。

（二）新疆吐鲁番阿斯塔那墓群的文化盛宴

阿斯塔那古墓也被称为"地下历史文物博物馆"，古墓里出土了大量的丝绸文书等珍贵文物，还发现了完整的汉式糕点、饺子，还有馕，各种干果和保存完好的炊具等，它们是研究新疆乃至中国古代饮食文化的重要实物资料。唐人饮食不只为口腹之欲，更是吃出花样来，色香味俱全，这种饮食的习俗在唐代的吐鲁番地区十分流行，阿斯塔那古墓里出土的各种糕点就令人垂涎欲滴，宝相花纹月饼十分精美，花蕊和花瓣至今清晰可见，是我国目前考古发现的唯一一件月饼式点心。[③]另外还有梅花式点心、菊花式点心、四棱式点心、四瓣花纹点心、八瓣花纹点心，以及叶形面点、筒形面卷等食物。大年初一吃饺子是我国北方地区广为流传的习俗，阿斯塔那古墓中出土的饺子，是现时我国发现最早的饺子实物，[④]这枚历经千年岁月的饺子，质地为小麦，面形如月牙，吐鲁番地区发现饺子是中原饮食当时在西域备受欢迎的重要例证之一。与饺子同时出现在吐鲁番的，还有一种被称为"曲曲"的馄饨。这说明了中原饮食文化在西域的广泛传播。

在阿斯塔那古墓出土的众多文书里，考古工作者发现了一位唐代 12 岁孩子的家庭作业，出土于 1967 年，文字完整，抄写的均为《论语 · 郑

① 刘春声：《"五星出东方利中国" 护膊之谜》，《光明日报》2015 年 2 月 11 日。

② 同上。

③ 王瑟：《拂去尘沙——丝绸之路新疆段的历史印迹》，生活 · 读书 · 新知三联书店 2018 年版，第 104 页。

④ 同上。

玄注》，卷末题记显示抄写年代为唐景龙四年，即710年，抄写者是一名叫卜天寿的12岁孩子，抄完论语后，还在卷末附了一首打油诗：“写书今日了，先生莫咸池（应为嫌迟），明朝是贾（应为假）日，早放学生归。”[①]意思是明天放假了，先生今天还是早点放我回家吧。当时西域人生活的场景，由于吐鲁番地区干燥高温的天气而得以鲜活地保存下来，生活气息浓厚，我们也可以推想当时西域其他地区中华文化盛行的情景。这说明早在1000多年前，中原文化就在新疆吐鲁番盆地广泛流传，更表明当时这里与中原的交往十分密切。

（三）北庭故城

1980年10月，中国社会科学院考古研究所新疆工作队曾对新疆吉木萨尔县北庭镇附近的北庭故城进行了初步调查，认为现存外城墙可能建于唐朝初年，后经两次修补。内城大约建于高昌回鹘时期。人们后来又进行了多次勘探考察，但北庭故城外城到底建于何时，则缺乏实物证据的支撑。2016年7月中旬，考古队再次进驻，在北庭故城南门遗址挖了一条50多米长、70多厘米深的探沟，[②]从内城墙打通到外城墙，断面构造上完全符合唐代工艺，且在这片土层里出土了一枚唐代开元通宝钱币，“开元”为唐玄宗年号。主持当时考古发现的巫新华研究员认为：“对北庭故城外城所建年代问题，学术界争论了100多年，有人认为是唐代建造的，也有人认为是宋代建造的。因为唐代建的实物证据没有出现，所以许多人都认可它是宋代建的观点。我们此次发现的实物强有力地证明，北庭故城外城是唐代所建。”[③]从现场还可以看出文化层连续叠压的现象，城墙基底宽16米左右，城墙外是一条唐代的路面，再向外是一条宋代的路面。因为在这个土层里发现了宋代钧窑的瓷片。由目前发现的情况可知，北庭故城从建

① 王瑟：《拂去尘沙——丝绸之路新疆段的历史印迹》，生活·读书·新知三联书店2018年版，第117页。

② 王瑟：《拂去尘沙——丝绸之路新疆段的历史印迹》，生活·读书·新知三联书店2018年版，第210页。

③ 同上。

城形制、施工工艺、所用工具等各个方面都表现出唐代建制的特点。说明在那个时代，这里与中央王朝的联系是何等的密切，它所有的建筑模式均是采用唐代建制。

北庭西大寺是北庭故城遗址的附属建筑之一，是我国古代的一座佛寺遗址，因坐落于故城之西而得名，是高昌回鹘的王家寺院。现遗址内还残存有佛、菩萨、罗汉、天王等塑像及千佛、菩萨、护法、经变故事、供养比丘和供养人像等壁画，间有回鹘文、汉文题记，为研究古代宗教、文化、艺术、语言文字和建筑技术等，提供了极为珍贵的实物资料。西大寺也是迄今北疆地区硕果仅存的一处历经我国唐、宋、元时期的佛教文化艺术宝库。其中105号配殿的《王者出行图》和供养人壁画，与203、204、205号洞龛[①]的兼具中原审美特色与西域舞蹈特点的交脚菩萨像可谓是西大寺的镇寺文物。

（四）博斯坦古城

汉代有两位公主嫁到了乌孙，即细君公主和解忧公主。新疆伊犁河谷一带就是当年乌孙人生活的地方。细君公主到达乌孙后，随从工匠为她建造了宫室。作为一个游牧民族，乌孙人是逐水草而居的，没有留下什么建筑。但在伊犁河上游的特克斯河北岸，一座汉式建筑的古城被人发现和探究。伊犁哈萨克自治州所辖的特克斯县，城市按易经八卦而建，是全世界独一无二的八卦城。特克斯县城西南是博斯坦村，也就是博斯坦古城。古城面积在100亩左右，是新疆维吾尔自治区文物保护单位。乌孙人是游牧民族，习惯住毡房，因此临河而居的建筑无疑符合中原的生活习惯。这里也许是当年乌孙人为细君公主建造的宫室。

从其建筑模式上看，应属于汉代。20世纪有人曾在这座古城里发现一件风格别致的瓦当。瓦当中间类似八卦，而外部则像一朵莲花，特别像

① 王瑟:《拂去尘沙——丝绸之路新疆段的历史印迹》，生活·读书·新知三联书店2018年版，第215页。

道教所说的“八卦鱼”,[①] 周围和莲花瓣的边缘都有连珠纹，极具汉代道教风格。照此推测，古城以前应有道教建筑。道教建筑很有可能是跟随细君公主远赴乌孙的工匠建造的。此外还发现了“马面”数个，“马面”是我国自唐代开始使用的一种防御工事，既可对城墙起到加固作用，又可开阔眼界，抵御敌人。表明博斯坦古城在唐代曾被当作军城而一度风光无限。唐代时，北方突厥经常对唐朝造成威胁。因此，唐代有“行军”建制，主要分布在边疆地区，“行军”多建有“戎城”，即军城。史书记载，唐代有一种名为“萧乡军”的编制，相当于现代部队的一个营，就曾驻扎在特克斯河谷一带。[②] 博斯坦古城究竟是两位汉代公主远嫁乌孙后留下的汉代古城，还是唐代的一座军城，目前尚无定论。但可以说明的是，中央政府对西域的有效管理，这点是无可置疑的。

由中央广播电视总台、新疆维吾尔自治区党委宣传部联合摄制的八集纪录片《中国新疆之历史印记》[③] 对以上诸问题有着更为全面、详尽与生动的诠释，可供读者对新疆问题进行深入理解，以正视听，正本清源。

---

① 太极图，其形状如阴阳两鱼互纠在一起，也被习称为“阴阳鱼太极图”。

② 王瑟:《拂去尘沙——丝绸之路新疆段的历史印迹》，生活 · 读书 · 新知三联书店 2018 年版，第 266 页。

③ 《中国新疆之历史印记》采用编年体结构，跨越秦汉、魏晋、隋唐、蒙元、明清、民国和新中国等历史时期，涵盖了新疆地方史、民族发展史、宗教演变史、文明融合史四个主题，采访了数十位国内外历史学者和考古专家。该片阐明了中国新疆地区的许多重大历史事实：新疆是中国领土不可分割的一部分，新疆各民族是中华民族血脉相连的家庭成员，新疆历来是多种宗教并存的地区，新疆各民族文化是中华文化的组成部分。以历史、民族、宗教、文化四个维度，用考古成果和视听语言梳理新疆地区在中华文明大视野下的历史脉络。

第 六 章

新时代伊斯兰教中国化研究的探索与实践

伊斯兰教中国化的研究，不应只局限于“学术视角”，应当将视野放宽，伊斯兰教进入中国之时，本身就在中国化，这是跨文化传播的必然规律，要让一个地方的人了解一种外来文化，必须用当地的语言文化体系来表达外来文化的内核，二者相结合就是本土化。因此伊斯兰教从外来穆斯林商人与政治贡使进入开始，就已经在中国化。也就是说，本书前述的历史脉络，都是在以伊斯兰教先贤的事例来说明伊斯兰教中国化的探索与实践。比如文中开始出现的普哈丁的例子，普哈丁所进行的文化交流活动，本身就是在进行伊斯兰教中国化的探索，他与儒家和佛教人士交流，主持修建仙鹤寺，无不是伊斯兰教的中国化。明清时期的“以儒诠经”学术运动，化解了回族与中华民族之间的张力，使得中国伊斯兰教理论成为中华文化的有机组成部分。清末民初，国家民族处于危亡之际，“爱国是信仰的一部分”又成为当时伊斯兰教中国化的时代主题。纵观伊斯兰教中国化发展的历史，无不是在解决此时此地此人的问题，无不是在回答时代提出的问题。接下来则继续顺着历史发展的脉络，进行两个方面的阐述，一是改革开放以来伊斯兰教中国化研究更加注重学术思考，简要介绍学者们的研究重点，这一部分是综述性的内容，以供读者参考。二是介绍中央社会主义学院对新时代伊斯兰教中国化所进行的理论探索与实践，抛砖引玉，为读者带来启发。

第一节　改革开放以来伊斯兰教中国化研究的历史发展

纵观改革开放以来伊斯兰教中国化的相关研究，也多是以总结历史经验、反映时代特点为主题，解决伊斯兰教历史上的遗留问题，与改革开放以来各个时代的主题相适应。由于相关研究庞杂，因此本节对学术活动和学者相关观点进行择要性综述，主旨是反映伊斯兰教中国化研究的主题与时代特点，继往开来，承古立新。

1980 年开始的“西北五省（区）伊斯兰教学术讨论会”，陆续召开五次，可以说把伊斯兰教中国化作为一个学术研究的主题而带动起来。五次会议的相关主题汇总如下：“清代中国伊斯兰教”（第一届）；“伊斯兰教在中国传播发展的特点及其历史作用”（第二届）；“中国伊斯兰教的特点、伊斯兰教教派门宦的演变分化及其社会影响、历史上的民族教育、伊斯兰教与民族关系这四个主题”（第三届）；“伊斯兰教研究如何为两个文明建设服务”（第四届）；“伊斯兰教在我国的传播和发展史”（第五届）。[①] 这一系列学术会议的讨论内容基本包含了伊斯兰教中国化的主要方面，即伊斯兰教在中国的发展史，伊斯兰教传入后与中国文化的融合，汉文伊斯兰教著述及其哲学思想研究，伊斯兰教与十个少数民族的关系及其相互影响，伊斯兰教在中国各地的发展特点，中国伊斯兰教学术研究如何为“四化”和现实服务。可以看出，这五次学术会议由伊斯兰教主要分布区的西北五省牵头，总结伊斯兰教中国化的历史，并探讨中国伊斯兰教如何继续中国化，继续服务于时代的主题。

1987 开始的全国伊斯兰教学术讨论会，当时的背景就是伊斯兰复兴运动的兴起，对伊斯兰教传入中国后是否存在中国化问题进行了讨论。一种观点认为有中国化，一种观点认为伊斯兰教是一个整体，不用提中国化的提法。与此相应又有“中国伊斯兰教”与“中国的伊斯兰教”之辩。后

① 卓新平：《中国宗教学研究 40 年（1978—2018）》，中国社会科学出版社 2019 年版，第 464—465 页。

来，随着哲学诠释学进入我国，此类讨论继续成为学术界论题。其实，这就是逻辑上的“总”与“别”的关系，二者不是一，也不是异。伊斯兰教在中国传播过程中的本土化趋势，是一个不争的事实。提法上的讨论也只是以不同的角度来回应时代热点，回应伊斯兰教中国化过程中来自国际国内的不同提问，这是中国伊斯兰教发展过程中从古至今以至未来，都需要不断解决的问题。

从学术发展来看，伊斯兰教中国化的相关研究主题无不是围绕着时代的变化而与时俱进，这也是学术研究的特点。1990 年 6 月，《中共中央关于加强统一战线工作的通知》明确指出：“要引导爱国宗教团体和人士把爱教与爱国结合起来，把宗教活动纳入宪法和法律的范围，同社会主义制度相适应。”①这是第一次在中央文件中提出宗教与社会主义制度“相适应”的问题。其时代背景就是随着对内改革和对外开放的发展，涉及民族宗教问题而引发的社会矛盾和纠纷逐渐增多，境外敌对势力和宗教极端势力利用宗教问题对我国进行渗透和破坏的活动也从不间断，宗教问题的长期性、群众性、复杂性、国际性及民族性在改革开放条件下表现得更加突出和复杂。因此，伊斯兰教与社会主义社会相适应的研究就更加显得重要，成为当今我国伊斯兰教研究的重点。

近年来，随着中国特色社会主义进入新时代，国际国内形势都有了新特点与新变化。伊斯兰教中国化的研究也需要适应客观世界的发展，探索新时代伊斯兰教中国化研究的新路径。大家开始对明清时期“以儒诠经”学术运动的历史宝贵经验进行深入挖掘，以滋养新时代伊斯兰教中国化的实践。2016 年 7 月，“中国伊斯兰教传承与发展学术研讨会”在南京举行。会议重点研讨了“以儒诠经”学术运动中金陵学派与中国传统文化的关系。从 2017 年一系列的学术会议的讨论主题来看，我们对新时代伊斯兰教中国化路径的探索渐渐清晰起来。2017 年 7 月在江苏举行的“坚

① 张琪：《赵朴初居士对新时期我国宗教政策、法律、理论、实践方面做出的诸多贡献》，《佛学研究》2014 年第 1 期。

持伊斯兰教中国化方向研讨会”总结了我国伊斯兰教中国化的历史经验，中国伊斯兰教经学思想的本土化特点，将伊斯兰教中国化与践行社会主义核心价值观联系起来进行研究和讨论。同年9月的“东部地区伊斯兰教中国化‘解经’工作研讨会”，除了中国伊斯兰教研究领域的相关学者，参会的还有来自上海、江苏、浙江、安徽、福建、江西、山东等省直辖市自治区的伊斯兰教协会及教职人员。会议讨论的重要主题之一便是社会主义核心价值观与解经工作。同年10月，在北京召开的“京津冀‘坚持伊斯兰教中国化方向学术’研讨会”有着紧扣时代脉搏的五个主题：“文明互鉴——伊斯兰教中国化的历史进程”“互融互通——伊斯兰文化与中国传统文化”“对外交流——‘一带一路’与中国伊斯兰教研究”“传承发展——近现代伊斯兰文化发展之路”“和平中道——传承伊斯兰教优良传统”。同年11月，由中国社会科学院世界宗教研究所伊斯兰教研究室、中国宗教学会主办的“第三届全国伊斯兰教学术研讨会”以“伊斯兰教与中国文化”为专题，进行了多角度的研讨。内容涉及伊斯兰教中国化的几个理论问题、“以儒诠经”与内地伊斯兰教中国化、1300年的中国伊斯兰教历程与文化自我调整、人类命运共同体理论与中国伊斯兰教的传播定位等方面。[①]综上所述，可以看出新时代伊斯兰教中国化研究的两个关键点，其一就是从明清时期“以儒诠经”学术运动中挖掘宝贵经验，其二就是以社会主义核心价值观去引领新时代伊斯兰教中国化的方向，也就是与时俱进，继续向着中国化的方向迈进。

在具体学者的观点中，我们也可以看出近年来对新时代伊斯兰教中国化路径的研究观点和方向。杨桂萍的《伊斯兰教与儒家文化和谐与共的历史经验及当代价值》一文认为，伊斯兰教作为一种外来文化，其教义中的某些部分与儒家思想和精神相通，为穆斯林在中国参与政治、经济和文化活动提供了可能性。伊斯兰教在中国的本土化、民族化发展历程，实际

① 高占福、敏俊卿：《伊斯兰教与坚持中国化方向研究》，宗教文化出版社2019年版，第191—195页。

上是寻求与儒家相互认同的过程。伊斯兰教与儒家文化千余年的交流沟通，成功化解了伊斯兰教和儒家文化的张力、穆斯林精英的政治认同与宗教认同的张力、伊斯兰教法与国法之间的张力。[①] 伊斯兰教与儒家文化和谐与共的历史经验为当今伊斯兰教中国化乃至世界伊斯兰教的发展提供了宝贵的成功经验与借鉴意义。金宜久的《伊斯兰教中国化：以汉文伊斯兰著述为例》通过对明清中国伊斯兰教学者的汉文著述的历史发展及文本进行分析，认为明清开创的汉文著述，所显现的中国化，完全符合宗教坚持中国化方向的走向，也是伊斯兰教与社会主义社会相适应的必由之路。那种所谓的要“阿拉伯化”“非中国化”的杂音，不管从什么地方、什么民族中冒出来，都不利于宗教的自我发展，都应予以坚决反对。[②]

卓新平在《关于伊斯兰教中国化的思考》一文中认为，伊斯兰教传入中国以后，一直在不断适应中国社会、对话中国思想、会通中华文化，已经形成优秀传统，积累了丰富经验。当然，历史的发展变迁和不同时情，使伊斯兰教的中国化也变得错综复杂，仍在途中，故此，今天仍然需要继续努力。……“中国化”并不意味着对伊斯兰教所涵容的阿拉伯文化、波斯文化等文化的封闭或排拒，而是积极对话、沟通、开拓、融贯。……这一积极进程会因“中国化”而得到鼓励，并不会由此而终止。“伊斯兰教中国化”不是简单的“复古”，而是与时俱进，不断创新。我们一方面要积极挖掘、继承和弘扬中华优秀传统文化，延续历史上“回儒对话”的传统，另一方面还要把重点放在中国当代的现实发展上来。……“伊斯兰教中国化”还需要伊斯兰教本身加强建设，……其中既有教义教规适应中国当代社会的完善……也要有其教职人员、宗教领袖及穆斯林精英人士在思想素质、文化修养、精神面貌上的完善，从而带动整个穆斯林群众提高文化素质、道德修养、社会责任、公民意识，特别是“中国”意识，自觉

① 杨桂萍：《伊斯兰教与儒家文化和谐与共的历史经验及当代价值》，《西北民族研究》2017 年第 2 期。

② 金宜久：《伊斯兰教中国化：以汉文伊斯兰著述为例》，《世界宗教研究》2017 年第 6 期。

形成“中国心”“中华情”。……我们必须培养出一大批政治上与我们主流意识和核心价值保持一致、道德上有人格魅力，文化素质上高于普通信众的宗教领袖和精英。[①]

中国伊斯兰教领域的前辈伍贻业学者在2003年便从哲学思辨的层面论述了伊斯兰教中国化研究的总原则，把握好两对关系，即“中国伊斯兰教应该而且必须是光辉夺目的世界伊斯兰文化体系的一部分，也应该而且必须是灿烂辉煌的中华民族文化的一部分”。[②]在这种共识的基础上进一步讨论伊斯兰教中国化问题或许会更符合历史事实和现实发展。

综上所述，新时代伊斯兰教中国化研究的路径和方向即是回望历史，从“以儒诠经”学术运动中汲取伊儒会通的优秀历史经验和文化财富，并在新时代的语境下继承和发扬，以习近平新时代中国特色社会主义思想与社会主义核心价值观来继续引领伊斯兰教中国化的方向。中央社会主义学院顺应这一方向并先行迈出一步，与明清时期“以儒诠经”学术运动相呼应，以新时代的视角对“伊斯兰教中国化”进行了理论与实践上的探索。

第二节　中央社会主义学院对新时代伊斯兰教中国化研究的理论与实践探索

“以儒诠经”学术运动是伊斯兰教中国化过程的一个重要节点，其历史意义在于解决了两个重要历史问题，其一是使伊斯兰教成为中国伊斯兰教，在不违背伊斯兰教教理教义的前提下与中华文化相会通，成为中华文化的有机组成部分。文化的融合必然带来相应群体的融合，中国穆斯林也随之真正成为中华民族的有机组成部分。如今中国特色社会主义进入新时代，伊斯兰教中国化问题也随之进入新时代，中国伊斯兰教如何顺应新

① 卓新平:《关于伊斯兰教中国化的思考》,《中国穆斯林》2017年第3期。

② 伍贻业:《走相适应的历史必由之路——伊斯兰教本土化的思考（续）》,《中国穆斯林》2003年第1期。

的历史阶段而继续发展，成为政策界、学界与宗教界需要共同思考的问题。中央社会主义学院率先进行探索，借鉴“以儒诠经”学术运动的历史经验，深入挖掘其中的理论成果，同时在习近平新时代中国特色社会主义思想以及社会主义核心价值观的指导与引领下，以“新疆中青年爱国宗教人士培训班”的成功创办为契机，历时一年完成了《新时代伊斯兰教中国化读本》的编写工作，从理论到实践进行了全面的继承和创新，为新时代解经工作做出了探索，得到了政策界、学界和宗教界的肯定。教材预计在2021年出版，目前新疆伊斯兰教经学院已经把《新时代伊斯兰教中国化读本》（以下简称《读本》）作为教材使用。

《读本》的伊斯兰教方面的理论基础有三，即《古兰经》《圣训》与“以儒诠经”先贤的著作。在此基础上增加了伊斯兰教和佛道两教的会通，进一步扩展了与中华文化的交融点。值得一提的是，在如何用习近平新时代中国特色社会主义思想指导伊斯兰教中国化的具体实践方面，做出了新探索。本书以五大范畴，即“理同道合、修身立德、齐家睦邻、乐群爱国、天下和谐”为主题来进行编撰。对《古兰经》《圣训》以及明清“以儒诠经”的学术成果进行符合新时代特点的诠释。下面列举《新时代伊斯兰教中国化读本》中的两条内容片段为简例，以表明此书的特点。

对“理同道合”范畴下的“教异理同”所进行的诠释，首先将马注于《清真指南 · 穷理》中的原文列出，即“故回之与儒，教异而理同也”。随后，给出了注释与译文，亮点在于之后对其所做出的符合新时代特点的诠释部分。诠释部分的主旨是要告诉读者，人类虽然分为不同信仰或文化的群体，人之为人所思考的一般性问题却是相通的，也就是说，人与人之间的关系和人与自然之间的关系，世界上不管哪个族群，对美好生活的向往都是一致的。马注的这句话也就是告诉大家要回到生活实际，回到大家所追寻的根本问题，也就是要有客观务实的精神。最后，以习近平总书记的话进行点题与总结，即“谋事要实，就是要从实际出发谋划事业和工作，使点子、政策、方案符合实际情况、符合客观规律、符合科学精神，不好高骛远，不脱离实际”。[①]

再如对《古兰经》第 5 章第 32 节的经文“凡枉杀一人的，如杀众人；凡救活一人的，如救活众人”的诠释，告诉读者，和平的生活无疑是人类的共同追求，善是人人应该力行的，恶则是人人应该摒弃的，任何人都无权随意剥夺他人的生命。这段经文恰恰说明了正信伊斯兰教将滥杀无辜的罪恶提高到非常严重的程度，同时也把人的生命权提高到非常高的程度。接着会通佛教的不杀生这第一条戒律，在各种罪之中以杀为最，各种功德中又以不杀为第一功德。道家也同样主张不能杀人，不仅要救人，还要以普善情怀，倡导救物。儒家同样主张德政，处理政事不能用杀的手段，统治者心善行善，百姓自然会上行下效。孙子也主张使用和平方式让敌人屈服，这是最佳策略。在读本的诠释部分均给出各家的原文与译文以作为会通之用。最后，以习近平总书记的“人类命运共同体理念”进行点题与总结，即“中国人历来主张‘世界大同，天下一家’。中国人民不仅希望自己过得好，也希望各国人民过得好”。[②]“我国周边外交的基本方针，就是坚持与邻为善、以邻为伴，坚持睦邻、安邻、富邻，突出体现亲、诚、惠、容的理念。”[③]“我们的事业是同世界各国合作共赢的事业。国际社会日益成为一个你中有我、我中有你的命运共同体。”[④]这就是一个负责任大国的坚定理念。

以上两例即为中央社会主义学院所编写的《读本》中的内容片段和要点，由此可知，《读本》的整体编写原则代表着中央社会主义学院对新时代伊斯兰教中国化所做出的理论与实践探索。《读本》完成后，一方面在学员当中进行试讲，一方面广泛征求了相关部门、伊斯兰教界、专家学

① 唐洲雁:《谋事要实，成就梦想的成事之基》,《光明日报》2015 年 7 月 8 日。

② 《国家主席习近平发表二〇一七年新年贺词》,《南方论刊》2017 年第 1 期。

③ 陈跃、马千里:《新变局 · 新内涵 · 新常态——中国周边外交新战略探析》,《理论探索》2015 年第 6 期。

④ 李志永:《以合作共赢跳出“修昔底德陷阱”——习近平外交思想的理论创新》,《兰州学刊》2019 年第 9 期。

者、一线工作者的意见，获得了普遍好评。他们认为这一新读本立足于国家长治久安，将伊斯兰教经典教义中的积极因素，特别是伊儒会通的历史经验，与社会主义核心价值观、中华优秀传统文化有机结合，进行了与时俱进的阐述，是以文化认同促进政治认同的又一次有益尝试。在对新疆基层阿訇学员的试讲中，学员们反响热烈，他们认为《读本》告诉了大家中国化具体该怎么做，接下来能做什么，好理解，可实践。《读本》的出版，也将是中央社会主义学院对新时代伊斯兰教中国化的理论与实践探索所写下的承前启后、浓墨重彩的一笔。

纵观伊斯兰教中国化的历史，也可以说是中国伊斯兰教历代贤德对伊斯兰教中国化理论与实践探索的历史，是不断用中华文化述说伊斯兰教的历史，更是讲好中国伊斯兰教故事的历史。民国时期回族教育家唐柯三指出，《圣训》讲，“求学在穆民男女上是天命”，这里讲的求学者应该学习一切学问，并非仅仅限于学习宗教知识，身为中国国民，不学习中国文化，已违圣训之旨。[①] 由此可见，我国穆斯林贤德们把住了伊斯兰教中国化的脉搏，那就是顺应中华文化的发展，顺应中国国情的发展，只有与时俱进，才能与时俱兴。伊斯兰教中国化所贡献的最宝贵的历史经验与文化财富，即是以中华文化去述说伊斯兰教。这一过程既不违背伊斯兰教的核心教理，这是普遍性的一面；与此同时又凸显了中国伊斯兰教中道、善行、和谐、包容的一面，这是特殊性的一面。形成了伊斯兰教与中国伊斯兰教之间的对立统一，这是中国伊斯兰教为世界伊斯兰教的发展所积累的宝贵的文化财富和历史经验。当代中国穆斯林也应跟随中国伊斯兰教先贤的步伐继续进行伊斯兰教中国化理论与实践的探索，不断书写伊斯兰教中国化的新篇章，为世界伊斯兰教的发展提供中国经验，发出中国声音。

① 丁明俊、马成明：《近年来伊斯兰教中国化研究的回顾与思考》，《世界宗教研究》2020 年第 2 期。

参考文献

专著

卓新平 . 中国宗教学 40 年（1978—2018）[M] . 北京：中国社会科学出版社，2019 年。

高占福，敏俊卿 . 伊斯兰教与坚持中国化方向研究 [M] . 北京：宗教文化出版社，2019 年。

司马迁 . 史记 [M] . 北京：中华书局，2019 年。

王瑟 . 拂去尘沙——丝绸之路新疆段的历史印迹 [M] . 北京：生活 · 读书 · 新知三联书店，2018 年。

论语 [M] . 北京：中华书局，2016 年。

脱脱等 . 宋史 [M] . 北京：中华书局，2016 年。

宋濂等 . 元史 [M] . 北京：中华书局，2016 年。

季芳桐 . 伊儒会通研究 [M] . 银川：宁夏人民出版社，2015 年。

陈垣 . 沈刻元典章 [M] . 北京：中国书店，2011 年。

王灵桂 . 中国伊斯兰教史 [M] . 北京：中国友谊出版公司，2010 年。

王正伟 . 中华回族爱国英才 [M] . 银川：宁夏人民出版社，2010 年。

左宗棠 . 左宗棠全集（第 5 册）[M] . 长沙：岳麓书社，2009 年。

陆容 . 菽园杂记 [M] . 北京：中华书局，2007 年。

孙振玉 . 王岱舆　刘智评传 [M] . 南京：南京大学出版社，2006 年。

刘一虹 . 回儒对话——天方之经与孔孟之道 [M] . 北京：宗教文化出版社，2006 年。

秦惠彬主编 . 中国伊斯兰教基础知识 [M] . 北京：宗教文化出版社，2005 年。

李进新 . 新疆宗教演变史 [M] . 乌鲁木齐：新疆人民出版社，2003 年。

彭树智 . 文明交往论 [M] . 西安：陕西人民出版社，2002 年。

马品彦 . 正确阐明新疆伊斯兰教史 [M] . 乌鲁木齐：新疆人民出版社，2001 年。

《中国新疆地区伊斯兰教史》编写组 . 中国新疆地区伊斯兰教史（第一册）[M] . 乌鲁木齐：新疆人民出版社，2000 年。

陈垣 . 元西域人华化考 [M] . 上海：上海古籍出版社，2000 年。

余振贵 . 中国历代政权与伊斯兰教 [M] . 银川：宁夏人民出版社，1996 年。

张怀武 . 近现代回族爱国斗争史话 [M] . 银川：宁夏人民出版社，1996 年。

庄景辉编校 . 陈埭丁氏回族宗谱 [M] . 香港：绿叶教育出版社，1996 年。

高文德 . 中国少数民族史大辞典 [M] . 长春：吉林教育出版社，1995 年。

秦惠彬 . 中国伊斯兰教与传统文化 [M] . 北京：中国社会科学出版社，1995 年。

元统元年进士录 [M] . 杭州：浙江古籍出版社，1992 年，。

勒尼 · 格鲁赛 . 草原帝国 [M] . 西宁：青海人民出版社，1991 年。

董诰等 . 全唐文 [M] . 北京：中华书局，1983 年。

希提 . 阿拉伯通史（上卷）[M] . 马坚，译 . 北京：商务印书馆，1979 年。

张星烺 . 中西交通史料汇编（第 2 册）[M] . 北京：中华书局，1977 年。

范晔 . 后汉书 [M] . 北京：中华书局，1965 年。

全唐诗 [M] . 北京：中华书局，1960 年。

民族问题研究会 . 回回民族问题 [M] . 北京：民族出版社，1958 年。

戴良．九灵山房集［M］．北京：中华书局，1936年。

田文镜等纂修．河南通志·学校·书院，光绪二十八年刻本。

期刊

烽火岁月中的宁夏英雄——陕甘宁省豫海县回民自治政府主席马和福［J］．宁夏画报，2020(9)。

朱维群，孙冬冬．中华民族共同体意识唤起巨大凝聚力［N］．环球时报，2020-8-14。

丁四新．"数"的哲学观念再论与早期中国的宇宙论数理［J］．哲学研究，2020(6)。

丁明俊，马成明．近年来伊斯兰教中国化研究的回顾与思考［J］．世界宗教研究，2020(2)。

王伟．《来复铭》新解［J］．中国穆斯林，2020(2)。

刘伟．红军西征期间民族政策的探索与实践［J］．回族研究，2020(3)。

李连才．严刑利诱奈我何，颔首流泪非丈夫——记抗日英雄金方昌烈士［J］．支部建设，2020(25)。

中华人民共和国国务院新闻办公室《新疆的反恐、去极端化斗争与人权保障》白皮书［J］．中国宗教，2019(3)。

吴云贵．从刘智《天方典礼》看伊斯兰教中国化的路径方式［J］．世界宗教研究，2019(3)。

巴晓峰．勖实戴身份考［J］．回族研究，2019(1)。

马广德．《月华》在抗战宣传中的作用与贡献［J］．回族研究，2019(1)。

拜学英．马骏烈士夫人杨秀蓉来宁前后［J］．回族研究，2019(5)。

薛庆超．中国共产党与少数民族工作（连载三）——毛泽东题词"百战百胜的回民支队"［J］．民族大家庭，2019(3)。

李志永．以合作共赢跳出"修昔底德陷阱"——习近平外交思想的理论创新［J］．兰州学刊，2019(9)。

董培升．马本斋：回族抗日英雄［J］．共产党员（河北），2018（9）。

杜常顺，张磊．清代基层社会治理视野中的回民教领［J］．世界宗教研究，2018（6）。

韩星．回儒——伊斯兰教中国化的正道（上）［J］．中国穆斯林，2018（1）。

韩星．回儒——伊斯兰教中国化的正道（下）［J］．中国穆斯林，2018（2）。

金刚．"回儒"会通伊斯兰教和儒家学说刍议［J］．孔子研究，2018（2）。

肖明清，曾庆栋．湖南翦姓维吾尔族文化融合研究——以维吾尔族《翦氏族志》为例［J］．大理大学学报，2018（1）。

马成明，崔莉．近代回族知识分子的家国情怀——以中国回教近东访问团为中心［J］．回族研究，2018（1）。

李林．"教法随国论"——伊斯兰教法中国化的本土经验与普遍意义［J］．文化纵横，2018（1）。

金宜久．伊斯兰教中国化：以汉文伊斯兰著述为例［J］．世界宗教研究，2017（6）。

韩星．伊斯兰教与儒家文化的会通［J］．宗教与哲学，2017（1）。

李祥林．奇锦通西域 丝路有故事［J］．文史杂志，2017（6）。

马成明．从马坚理解中国回族知识分子的心史［J］．中国穆斯林，2017（4）。

杨桂萍．伊斯兰教与儒家文化和谐与共的历史经验及当代价值［J］．西北民族研究，2017（2）。

卓新平．关于伊斯兰教中国化的思考［J］．中国穆斯林，2017（3）。

赵炳清．历史时期喀什多民族文化的交流与整合——兼论维吾尔文化形成的基础［J］．地域文化研究，2017（1）。

田卫疆《突厥语大词典》"秦（桃花石）"一词释读［J］．新疆师范大学学报（哲学社会科学版），2017（3）。

沙宗平．"圣人之教，东西同，今古一"——"以儒诠经"伊斯兰教与中国传统文化之"文化会通"［J］．宗教与哲学，2017。

国家主席习近平发表二〇一七年新年贺词［J］.南方论刊，2017（1）。

杨圣敏.历史上维吾尔族与突厥及土耳其的关系［J］.西北民族研究，2016（3）。

吕其庆.把祖国的需要视为最高指示——专访马本斋之子、海军少将马国超［J］.思想政治工作研究，2015（7）。

尹伟先.论新疆各族人民对抗战做出的贡献［J］.西北民族大学学报（哲学社会科学版），2015（5）。

刘春声."五星出东方利中国"护膊之谜［N］.光明日报，2015-2-11。

刘庆柱."丝绸之路"的考古认知［J］.经济社会史评论，2015（2）。

蔡林波.形与真：道教"形"论思想阐释［J］.四川大学学报（哲学社会科学版），2015（5）。

陈跃，马千里.新变局·新内涵·新常态——中国周边外交新战略探析［J］.理论探索，2015（6）。

鹤年堂 始于明（1405年）［J］.时代经贸，2015（23）。

高占福.唤醒回族穆斯林同胞团结抗战［N］.中国民族报，2015-9-4。

薛清，王锡奎.追述中阿友好使者普哈丁［J］.中国穆斯林，2015（6）。

唐洲雁.谋事要实，成就梦想的成事之基［N］.光明日报，2015-7-8。

张琪.赵朴初居士对新时期我国宗教政策、法律、理论、实践方面做出的诸多贡献［J］.佛学研究，2014（1）。

王中江.出土文献与先秦自然宇宙观重审［J］.中国社会科学,2013（5）。

王作安.宗教工作本质上是群众工作［N］.人民日报，2013-11-26。

许淑杰.试论马注思想的发展［J］.元史及民族与边疆研究集刊，2013（2）。

殷晴.汉代西域人士的中原憧憬与国家归向——西域都护府建立后的态势与举措［J］.西域研究，2013（1）。

张巨龄，马金宝.著名爱国报人丁宝臣殉国100周年答问［J］.回族研究，2013（3）。

兰顿．伊斯兰的认主独一［J］．中国穆斯林，2012 年（5）。

华涛，翟桂叶．民国时期的“回族界说”与中国共产党《回回民族问题》的理论意义［J］．民族研究，2012 年（1）。

谢海涛，丁明俊．马福祥与清末及民国时期的蒙藏边疆治理［J］．黑龙江民族丛刊，2012（2）。

马艾，霍维洮．近代回族文化团体与回族社会转型——以“留东清真教育会”为例［J］．回族研究，2012（4）。

黄日初．北宋广州“蕃学”考［J］．兰台世界，2012（21）。

马清丽．回族语言中西宁回族的经堂语教育［J］．赤峰学院学报（自然科学版），2012（11）。

葛荣晋．“逍遥游”与道商的人生境界［J］．学术界，2011（1）。

梁向明．回族“顺主忠君”政治伦理思想简论［J］．青海民族研究，2009（3）。

段玉明．于阗僧人法藏使宋补证［J］．兰州学刊，2010（10）。

马在渊．从丁鹤年诗看回族人华化［J］．丝绸之路，2010（14）。

白贵，金强．回族新文化运动与回族报刊之互动关系［J］．江苏大学学报（社会科学版），2010（4）。

丁俊．中国伊斯兰教“爱国爱教”的理论与实践［J］．西北民族大学学报（哲学社会科学版），2010（1）。

马明良．伊斯兰教的中国化与“以儒诠经”［J］．阿拉伯世界研究，2009（5）。

杨志平．近代回族报刊对民主革命思想的传播及其影响［J］．西北民族大学学报（哲学社会科学版），2009（4）。

魏凯旋．城市景观中的文化融合——以新疆特克斯八卦城为例［J］．保定学院学报，2009（4）。

徐建成．回回诗人丁鹤年与保国寺［J］．宁波经济（三江论坛），2009（5）。

黄纯艳."藩服自有格式":外交文书所见宋朝与周边诸国的双向认识[J].学术月刊,2008(8)。

黄丽.湖南维吾尔族民族认同的构建与变迁[J].中南民族大学学报(人文社会科学版),2008(3)。

王平.爱国爱教 虔信传世——马良骏阿訇传略[J].回族研究,2007(3)。

魏长洪,美丽班.维吾尔族名汉译名称新考[J].新疆大学学报(哲学人文社会科学版),2007(1)。

李进新.祆教在新疆的传播及其地域特点[J].西域研究,2007(1)。

刘建丽.两宋时期西北少数民族政权特色述论[J].西域研究,2007(3)。

敬军.爱国爱教 阿訇典范——纪念马良骏大阿訇归真50周年[J].中国宗教,2007(6)。

皮兰娇.论《大学》的道德修养体系[J].河北青年管理干部学院学报,2006(2)。

李恭忠.1855—1858年中俄塔城事件之交涉[J].中国边疆史地研究,2006(3)。

李美清.舜的神话及舜历史形象的演变[J].贵州文史丛刊,2006(4)。

马明良."以儒诠经"活动及其对当代文明对话的启示意义[J].回族研究,2005(4)。

马品彦.新疆多种宗教并存格局的形成与演变[J].新疆师范大学学报(哲学社会科学版),2005(4)。

马建春.回族在抗日战争中的历史贡献[J].青海民族研究,2005(3)。

杨晓春.论晚明江南穆斯林学者的文化纷争——从王岱舆《正教真诠》批评的《证主默解》说起[J].南京大学学报(哲学·人文科学·社会科学版),2005(1)。

刘方清.我的母亲刘清扬[J].回族研究,2005(2)。

任继春.清真刍议[J].中国宗教,2004(3)。

周瑞海.清真食品的特点探析[J].回族研究,2004(1)。

雷晓静．试析抗日战争前伊斯兰教报刊蓬勃发展的社会动因［J］．回族研究，2004（4）。

谈谭．明末清初回族伊斯兰汉文译著兴起的原因研究［J］．世界宗教研究，2003（3）。

伍贻业．走相适应的历史必由之路——伊斯兰教本土化的思考（续)[J］．中国穆斯林，2003(1）。

杜维明．文明对话的发展及其世界意义［J］．回族研究，2003（3）。

邱树森．唐宋“蕃坊”与“治外法权”［J］．宁夏社会科学，2001（5）。

马建春．元代东迁西域人屯田述论［J］．西域研究，2001（4）。

梁向明．“以儒诠经”与“反经异俗”——兼谈回族学者刘智从事汉文译著的时空背景［J］．回族研究，2001（1）。

龚世俊．试论萨都剌的边塞诗歌［J］．宁夏大学学报（人文社会科学版），2000(1）。

杨怀中．以身殉国 以身殉信仰——马骏烈士的生平思想［J］．回族研究，2000（1）。

马生祥．定州清真寺《重建礼拜寺记》碑在中国伊斯兰教史上的重要地位［J］．文物春秋，2000（3）。

田卫疆．“西域”的概念及其内涵［N］．西域研究，1998(4）。

丁明俊．论马福祥在现代回族文化教育史上的地位［J］．回族研究，1998（4）。

马娟．唐宋时期穆斯林蕃坊考［J］．回族研究，1998（3）。

马全仁．爱国爱教的达浦生阿訇——纪念达阿訇归真32周年［J］．中国穆斯林，1997(5）。

冯序鹏．朱德同志挽马本斋及其母［J］．中国高校后勤研究，1997（2）。

伍贻业．清末禁烟又一人——伍长华［J］．南京史志，1997（5）。

兰永江．火烧塔城沙俄贸易圈事件浅析［J］．新疆教育学院学报，1997（1）。

黎蔷．波斯宗教文化与东方戏剧［J］．戏剧艺术，1997（3）。

马寿千．鸦片战争中的回族英烈［J］．北京政协，1997（11）。

丁明俊．马福祥民族思想探析［J］．回族研究，1996（3）。

龙西江．论藏汉民族的共同渊源——青藏高原古藏人“恰、穆”与中原周人“昭、穆”制度的关系［J］．战略与管理，1995（3）。

马肇曾，答振益．鸦片战争中著名回族抗英将领马辰［J］．回族研究，1995（3）。

李健彪．从《醒回篇》看近代回族资产阶级知识分子的思想特征［J］．西北民族学院学报（哲学社会科学版），1994（4）。

朱国权．马六舟在黑龙江［J］．回族研究，1993(2)。

屈小强．墨竹源出西蜀考［J］．四川文物，1992(1)。

李树芳，陈国柱．马良骏阿訇传略［J］．中国穆斯林，1992（1）。

殷晴．汉唐西域民族政策述论［J］．西北民族研究，1992（1）。

丁宏．丁竹园与《园竹丛话》［J］．回族研究，1991（4）。

黄秋润．泉州伊斯兰教三贤、四贤墓［J］．中国穆斯林，1989（3）。

张超．清末回族爱国者实业家马六舟传略［J］．齐齐哈尔社会科学，1988（5）。

马占珍．豫海县回族自治政权的建立［J］．宁夏社会科学，1985（3）。

周振鹤．西汉西域都护所辖诸国考［J］．新疆大学学报（哲学社会科学版），1985（2）。

蔡颖．近代新疆各族人民的反侵略斗争［J］．新疆地方志通讯,1984(3)。

殷晴．于阗尉迟王家世系考述［J］．新疆社会科学，1983（2）。

马寿千．辛亥革命时期回族资产阶级先进分子对待民族、宗教问题的态度［J］．中国穆斯林，1981（2）。

冯增烈．《建修胡太师祖佳城记》碑叙［J］．中国穆斯林，1981（2）。

纪大椿．阿古柏对新疆的入侵及其复灭［J］．历史研究，1979（3）。

其他

沙宗平."以回道包儒道"——《清真大学》与《大学》之比较》[C]//陈声柏."对话：中国传统文化与和谐社会"兰州大学宗教文化研究中心会议论文集，2009。

从民族基因图谱看几个与维吾尔族相关的"争议"的问题，公众号"西域都护"2020年7月24日。